Culinária de Todas as Cores

# 200 Receitas

## Perfeitas Para Fazer na Wok

# Culinária de Todas as Cores

# 200 Receitas Perfeitas Para Fazer na Wok

Marina Filippelli

PUBLIFOLHA

Um livro da Hachette Livre UK Company
Título original: *Hamlyn All Colour: 200 Wok Recipes*
Publicado pela primeira vez na Grã-Bretanha em 2009 pela Hamlyn, uma divisão do Octopus Publishing Group Ltd, Endeavour House, 189 Shaftesbury Avenue, Londres WC2H 8JY



COORDENAÇÃO DO PROJETO: PUBLIFOLHA
Editora-assistente: Nina Bandeira
Coordenadora de produção gráfica: Soraia Pauli Scarpa
Produtora gráfica: Mariana Metidieri

PRODUÇÃO EDITORIAL: ESTÚDIO SABIÁ
Edição: Silvana Salerno
Tradução: Dafne Melo
Preparação de texto: Paola Morsello
Revisão: Valéria Braga, Olga Sérvulo da Cunha
Editoração eletrônica: Pólen Editorial

Foram usadas as seguintes medidas-padrão em todas as receitas:
1 colher (sopa) = 15 ml
1 colher (chá) = 5 ml
O forno deve estar preaquecido na temperatura específica. Utilize ervas frescas a não ser que haja menção específica em contrário. Caso não haja informação específica, use ovos médios.

As fotos deste livro podem conter acompanhamentos ou ingredientes meramente ilustrativos.

*Pessoas com alergia a nozes devem evitar as receitas que contenham esse ingrediente. Grávidas, crianças pequenas, idosos e doentes não devem consumir pratos que levem ovos crus ou levemente cozidos.*

Dados Internacionais de Catalogação na Publicação (CIP)
(Câmara Brasileira do Livro, SP, Brasil)

Filippelli, Marina
200 receitas perfeitas para fazer na wok / Marina Filippelli ; [tradução Dafne Melo]. – São Paulo : Publifolha, 2010. – (Coleção culinária de todas as cores)

Título original: All colour cookbook : 200 wok recipes.
ISBN 978-85-7914-160-7

1. Culinária em wok 2. Receitas 3. Utensílios de cozinha I. Título. II. Série.

10-00488 CDD-641.77

Índices para catálogo sistemático:
1. Culinária em wok : Receitas : Economia doméstica 641.77

A grafia deste livro segue as regras do Novo Acordo Ortográfico da Língua Portuguesa.

**PUBLIFOLHA**
Divisão de Publicações do Grupo Folha
Al. Barão de Limeira, 401, 6º andar
CEP 01202-900, São Paulo, SP
Tel.: (11) 3224.2186/ 2187/ 2197
www.publifolha.com.br

Impresso na Toppan, China.

# sumário

# introdução

# introdução

Versátil e eficiente, a wok, frigideira inventada pelos chineses, logo foi adotada por cozinheiros de toda a Ásia. Seu formato grande, com bordas amplas, permite refogar e mexer os ingredientes, de modo que cozinhem com rapidez e por igual.

A técnica parece simples; entretanto, qualquer um que já tenha tentado cozinhar com uma wok sabe que as coisas podem não dar certo. Porém, se as regras básicas que descrevemos a seguir forem consideradas, a wok certamente será sua melhor amiga na cozinha. Ela é ótima para refogar e preparar pratos rápidos para o dia a dia. Mas é capaz de fazer muito mais do que um refogado. Quem já está familiarizado com esse tipo de caçarola, costuma usá-la para cozinhar no vapor, grelhar, fritar e defumar.

## técnicas

Conhecendo o assunto, tudo fica mais fácil. Aproveite ao máximo sua wok com as dicas sugeridas a seguir.

### refogar

A velocidade é a alma do negócio. Corte os ingredientes em pedacinhos para que cozinhem mais rápido. Carnes e peixes devem ficar no máximo de 4 a 5 minutos; os legumes devem ser cortados de forma que atinjam o ponto ideal de cozimento ao mesmo tempo, ou seja, nada de grandes buquês de brócolis ao lado de fatias finas de cenoura. Legumes que cozinham muito rápido – como brotos de feijão, por exemplo –, devem ser adicionados nos minutos finais.

Pese, pique e fatie os alimentos antes de começar a cozinhar. Lembre-se de que na wok o cozimento é muito rápido, portanto, cortar os ingredientes quando o alho e o gengibre já estão no fogo fará queimar parte dos itens. Assim, o melhor é deixar todos os ingredientes picados, prontos para serem colocados na wok no momento certo.

Fique atento ao tamanho dos ingredientes. Como a técnica exige rapidez, o ideal é que a carne seja cortada em pedacinhos finos, que ficarão cozidos em pouco tempo. Filé-mignon e contrafilé são os cortes mais apropriados. Da carne de porco e do cordeiro, use o lombo; das aves, prefira o peito. Frutos do mar, como camarões, lulas e vieiras, ficam ótimos preparados na wok, pois cozinham em pouco tempo, têm textura firme e não se quebram ao serem mexidos. Por esse motivo, não use peixes nos refogados, pois a carne macia despedaça facilmente.

Antes de começar a cozinhar, a wok deve estar na temperatura certa. Coloque-a em fogo alto, adicione a quantidade indicada de óleo e espere ficar bem quente. Todo esse processo leva certo tempo, já que o calor vai da base às bordas. Quando o óleo começar a soltar fumaça, é sinal de que já se pode começar a cozinhar.

Acrescente os ingredientes aos poucos, pois assim que os alimentos são colocados em qualquer panela, a temperatura diminui. Como o objetivo aqui é preparar alimentos em calor intenso, evite colocar grandes porções cruas de uma só vez. Primeiro ponha as carnes (em porções, se necessário). Após cozidas, retire-as da wok e coloque os legumes e as verduras.
Ao fim, recoloque a carne e mexa bem.
Se cozinhar tudo de uma vez, a carne irá formar um caldo junto com os líquidos que as verduras soltam, e os alimentos ficarão murchos em vez de crocantes.

É importante mexer rapidamente os alimentos para que cozinhem de maneira uniforme e não queimem. Quando tudo estiver no ponto, se preciso, adicione um pouco de água ou caldo, que rapidamente irá evaporar e evitar que algum ingrediente queime. Se quiser dar um pouco mais de sabor, use saquê culinário, shoyu ou molho de ostra.

## vapor e defumação

Uma wok grande é perfeita para preparar alimentos no vapor ou defumar. Para o vapor, ponha um suporte com furos sobre a panela com água fervente. Tampe e espere cozinhar. A mesma técnica pode ser usada para defumar, mas em vez de água, as receitas deste livro utilizam folhas secas de chá, que, quando queimadas, criam a fumaça necessária.

As woks maiores são ideais para essas duas técnicas, já que possuem mais espaço para o vapor e a fumaça circularem, permitindo que os ingredientes cozinhem de maneira uniforme. Muitas woks já vêm com suportes – como grelhas adaptáveis –, mas também é possível recorrer a outros utensílios e improvisar, como raques de bambu, descansos de metal para mesa com apoio e furinhos, ou ainda usar uma tigelinha virada de cabeça para baixo, com o alimento dentro, apoiada num prato comum. Ou seja: tudo que permitir uma base firme e segura, feita de material resistente, pode ser usado.

### frituras

Fritar na wok é bem simples e fácil, já que suas dimensões amplas permitem que os alimentos circulem livremente no óleo quente, o que não só faz com que eles fritem por igual, como também facilita o trabalho de colocá-los e retirá-los da frigideira.

### grelhados e ensopados

Como qualquer caçarola grande com tampa, use a wok para grelhar e fazer ensopados. Isso não quer dizer que ela seja mais apropriada para esse tipo de preparo, mas que ela também pode ser perfeitamente usada nesses casos.

## cozinha saudável

É um mito achar que todo refogado é saudável. Usar molhos em excesso ou não seguir à risca as técnicas indicadas pode estragar o prato, que deve ser feito com pouco óleo. Assim, devido à rapidez do cozimento, os nutrientes não se perdem. Além disso, as carnes utilizadas geralmente são magras, e as receitas quase sempre incluem uma boa quantidade de legumes. Quando usada para cozinhar no vapor, a wok é certamente uma das opções mais saudáveis, pois não é necessário usar nenhuma gota de óleo.

Além de saudável, esse método conserva o sabor e a consistência dos alimentos, já que a perda de água é bem menor, o que também garante maior conservação das vitaminas.

## escolha uma wok

Quanto ao formato, há basicamente dois tipos de woks: as de base mais arredondada são ideais para o fogão a gás, e as com a base mais plana foram desenhadas especificamente para fogões elétricos. Elas podem ter duas alças laterais ou um cabo longo. As primeiras são mais indicadas para fritar e cozinhar no vapor, pois dão mais firmeza na hora de transportar a panela cheia de líquido. Já as que possuem cabo são ótimas para refogados, pois permitem agitar a panela com uma mão, mantendo a distância necessária, enquanto a outra mão fica livre para adicionar os alimentos.

Hoje há uma grande quantidade de woks antiaderentes no mercado. São ótimas se seu objetivo é usar a menor quantidade de óleo possível. Entretanto, não é necessário gastar muito para comprar uma. As versões tradicionais de aço-carbono têm preço acessível e duram muito quando bem cuidadas.

O importante é comprar um modelo grande. Uma receita bem-sucedida dependerá da alta temperatura e do espaço disponível para mexer e agitar os alimentos. Se ela for pequena, não permitirá essa movimentação, e os alimentos cozinharão na própria água. Procure uma que tenha pelo menos 30 cm de diâmetro.

## cuidados com a wok

Com exceção das variedades antiaderentes, a wok precisa ser "preparada". Primeiro, lave-a bem para retirar qualquer resíduo de óleo que o fabricante tenha passado para conservá-la. Depois, seque bem e coloque-a em fogo baixo. Com uma folha de papel-toalha, passe óleo vegetal em toda a superfície e deixe no fogo por 10 minutos. Retire e passe papel-toalha, repetidamente, até o papel sair limpo, sem tinta preta. Pronto, a wok está pronta para usar!

Após usar, lave sempre com uma esponja de plástico, nunca de aço. Seque bem para evitar oxidação: para isso, coloque-a um pouco em fogo baixo para secar por completo. Passar um pouquinho de óleo vegetal na superfície com papel-toalha também ajuda a conservá-la.

Se for usá-la bastante para cozinhar no vapor, talvez seja melhor comprar duas woks. Isso porque a água fervente deixa a superfície ressecada e, portanto, o processo descrito anteriormente para as panelas novas deve ser repetido toda vez que for usá-la para refogados. A princípio, isso não é um problema, mas pode acabar se tornando trabalhoso para quem quer fazer uso das duas técnicas com frequência.

## equipamento extra

Se você é craque em manusear os talheres orientais – os hashis (pauzinhos) –, não hesite em comprar um par grande próprio para cozinhar. Eles são ótimos para virar alimentos fritos sob imersão. Já as espátulas e colheres de pau são mais indicadas para refogados.

A tampa da wok é um acessório essencial para pratos além dos refogados. Se a sua não tiver, compre em uma loja de produtos asiáticos. Para cozinhar no vapor ou defumar, será necessário um suporte para suspender os alimentos. Algumas panelas já vêm com esse utensílio, mas qualquer grelha ou raque de metal ou madeira que encaixe bem na wok pode ser usado.

Para retirar as frituras, use escumadeiras largas e de cabo longo. Use-as também para colocar os alimentos no óleo quente, reduzindo o risco de queimaduras.

## ingredientes

A lista a seguir é um pequeno guia dos principais ingredientes usados neste livro. A maioria pode ser encontrada em supermercados e lojas de produtos asiáticos.

### molhos e óleos

**Molho de ostra** Feito à base de extrato de ostras, é grosso e marrom. Usa-se para dar gosto especial aos refogados. Conserve na geladeira depois de aberto.

**Molho de peixe (nam pla)** É um extrato fermentado de peixe; seu aroma não é dos melhores, mas seu sabor condimentado faz dele um dos principais ingredientes do Sudeste Asiático.

**Molho hoisin** É um molho chinês grosso, doce e apimentado, feito de soja, vinagre, açúcar, alho, pimenta e outros temperos. Combina muito bem com carne, frutos do mar ou frituras. Uma vez aberto, conserve-o na geladeira.

**Óleo de amendoim** Muito usado na cozinha oriental, este óleo extravirgem pode ser substituído por óleo de girassol.

**Óleo de gergelim** É feito a partir de sementes de gergelim torradas. Seja comedido ao usá-lo e adicione-o somente na finalização do prato, pois perde o aroma em altas temperaturas.

**Saquê culinário (mirin)** É o vinho feito de arroz, no Japão e na China. Tem gosto similar ao xerez seco e pode ser substituído por ele. É usado como tempero e em refogados e molhos.

**Shoyu** Feito a partir da fermentação de grãos de soja, está disponível na versão clara e escura. A primeira é mais salgada, usada em marinadas e nos primeiros passos de refogados. Já a versão escura, mais comum, é mais usada na finalização de pratos e também como molho.

## ervas e temperos

**Capim-limão** É um ingrediente-chave em receitas tailandesas e do Sudeste Asiático. É usado inteiro ou bem picadinho em temperos pastosos. Pode ser facilmente encontrado, mas, se faltar, use uma mistura de raspas de limão.

**Cinco especiarias** Essa combinação aromática é feita com anis-estrelado, erva-doce, cravo, canela e pimenta em grão. Possui sabor mais doce que picante.

**Folhas de limão kaffir** Muito usadas no Sudeste Asiático, essas folhinhas dão um sabor refrescante e cítrico a ensopados e refogados. As raspas de limão são o substituto ideal para as folhas desse limão oriental.

**Gengibre ou galangal** O gengibre fresco é um ingrediente de muitas receitas deste livro. O galangal – muito usado na cozinha tailandesa – é da família do gengibre, mas possui um sabor mais floral e cítrico. No Brasil, pode ser encontrado seco em algumas lojas especializadas. Se não o encontrar, use gengibre fresco.

**Manjericão tailandês** Na aparência e no aroma é parecido com o manjericão tradicional. Como as folhas são mais grossas, demanda tempo maior de cozimento. Se não encontrar em lojas especializadas, use o manjericão comum, colocando-o ao final da receita.

**Pimenta-chinesa** Não é ardida, já que nem mesmo é uma pimenta. Na verdade, é uma pequena fruta vermelha seca. Tem sabor floral e levemente picante. Pode ser achada em lojas especializadas.

**Tamarindo** A polpa dessa fruta tem sabor pungente, azedo e cítrico, e é usada em alguns pratos do Sudeste Asiático.

## sugestões de menu

As receitas deste livro, sozinhas, são ótimas opções de almoço ou jantar, e vão bem com arroz ou macarrão como acompanhamento. Mas, se o objetivo é uma bela refeição, tente combinar dois ou três pratos. Aqui vão algumas sugestões para diferentes ocasiões.

### refeições do dia a dia para 4

Carne moída com ovos mexidos (p. 28)
Chop-suey de legumes (p. 180)
Arroz ou macarrão

Carne com legumes (p. 18)
Arroz com ovos (p. 204)

Frango com castanhas e pimentão (p. 76)
Couve-chinesa ao gengibre (p. 174)
Arroz ou macarrão

Frango com pimentões (p. 110)
Legumes ao molho de saquê (p. 188)

Carne de porco picante com feijão (p. 54)
Chop-suey de legumes (p. 180)
Arroz ou macarrão

### refeições vegetarianas para 4

Legumes ao molho apimentado (p. 182)
Couve-chinesa com pimenta (p. 194)
Arroz com ovos (p. 204)
Talharim de arroz com tofu (p. 224). Substitua o molho de peixe por sal a gosto e não use os camarões.

Ensopado de legumes (p. 168). Substitua o molho de peixe por sal a gosto.
Couve-chinesa ao gengibre (p. 174)

## jantar para 4

Carne à tailandesa (p. 30)
Ensopado de frango tailandês (p. 112)
Arroz

Carne de porco com vagens (p. 68)
Frutos do mar com pimenta fresca (p. 162)
Arroz

Pato ao molho hoisin (p. 106)
Camarão e vieiras com aspargos (p. 150)
Arroz ou macarrão

## jantar vegetariano para 4

Tofu com cogumelos (p. 192).
Substitua o molho de ostra por shoyu.
Legumes ao molho apimentado (p. 182)
Arroz ou macarrão

## jantar para 6

Costelas à chinesa (p. 72)
Carne de porco agridoce (p. 48)
Frango com aspargos (p. 86)
Macarrão Cingapura (p. 232)
Arroz com camarão e presunto (p. 208)
Carne de porco moída com amendoim (p. 58)
Bacalhau à tailandesa (p. 158)
Pato à tailandesa (p. 102)

Talharim de arroz com tofu (p. 224)
Arroz

## Frutos do mar para 6

Lula empanada (p. 136)
Robalo ao molho cítrico (p. 124)
Vieiras ao molho sichuan (p. 138)
Espinafre ao alho (p. 178)
Arroz

## Jantar vegetariano para 6

Ensopado de legumes (p. 168).
Substitua o molho de peixe por sal a gosto.
Tofu com tamarindo (p. 198).
Não use a pasta de camarão.
Cogumelos com aspargos (p. 170).
Substitua o molho de ostra pelo shoyu.
Salada de cenoura e nozes (p. 184)
Arroz

# carne de boi e de cordeiro

# carne com legumes

**4** porções
Preparo: **15 minutos**, mais o tempo da marinada
Cozimento: **12 minutos**

- 1 colher (sopa) de **mel**
- 3 colheres (sopa) de **shoyu**
- 3 colheres (sopa) de **saquê** culinário
- 3 colheres (sopa) de **molho de ostra**
- 1 colher (sopa) de **farinha de milho**
- 500 g de **contrafilé** em tiras
- 50 ml de **caldo de galinha**
- ½ colher (chá) de **pimenta-branca**
- 3 colheres (sopa) de **óleo de amendoim**
- 3 dentes de **alho**
- 1 colher (chá) de **gengibre** fresco picado
- 125 g de **brócolis**
- 150 g de **shitake** cortado ao meio
- 2 **acelgas**
- 5 talos de **cebolinha** picados

**Misture** o mel, o shoyu, o vinho de arroz, o molho de ostra e a farinha de milho. Coloque a carne numa travessa não metálica e despeje metade da mistura por cima. Mexa e deixe marinar pelo menos por 30 minutos. Junte o caldo de galinha e pimenta ao restante da mistura e reserve.

**Aqueça** 1 colher (sopa) de óleo na wok em fogo alto, até começar a sair vapor. Junte metade da carne e frite por 2 minutos, mexendo sempre. Passe para uma travessa. Aqueça outra colher de óleo e frite o restante da carne da mesma maneira.

**Limpe** a wok com papel-toalha e aqueça o restante do óleo. Adicione o alho e o gengibre. Junte o brócolis e, depois de 30 segundos, os cogumelos. Refogue por 2 minutos. Acrescente a acelga e refogue até ficar macia.

**Junte** o molho que estava reservado e espere ferver. Recoloque a carne na panela, mexa bem e finalize com as cebolinhas. Sirva com arroz, se desejar.

**Variação: tofu com shitake, acelga e brotos de feijão**. No lugar da carne, use 300 g de tofu em cubos. Faça apenas metade da receita de molho e deixe o tofu marinar pelo menos por 10 minutos. Aqueça 3 colheres (sopa) de óleo, frite o tofu e retire-o da panela. Repita a receita acima, substituindo o brócolis por 75 g de brotos de feijão, a ser adicionado com o molho. Após ferver, junte o tofu.

# carne com cenoura e laranja

**4** porções
Preparo: **10 minutos**
Cozimento: **10 minutos**

2 colheres (sopa) de **pimenta-chinesa**
uma pitada de **sal**
2 colheres (sopa) de **farinha de milho**
375 g de **contrafilé** em tiras
**óleo vegetal** para fritar
200 g de **cenoura** em tiras
2 dentes de **alho** picados
1 cm de **gengibre** em tiras
3 colheres (sopa) de **shoyu light**
3 colheres (sopa) de **suco de laranja**
raspas de ½ **laranja**
3 colheres (sopa) de **saquê culinário**
2 colheres (sopa) de **mel**

**Para enfeitar**
3 talos de **cebolinha** em tiras
raspas de ½ **laranja**

**Coloque** a pimenta-chinesa na wok bem aquecida, em fogo médio, agitando a panela. Espere estourar e soltar o aroma. Passe para um pilão e junte o sal. Soque bem, até ficar bem moída. Junte à farinha de milho, adicione a carne e mexa.

**Coloque** óleo suficiente na wok para fritar as cenouras e a carne por imersão. Para testar a temperatura, jogue um pedaço de miolo de pão: se voltar à superfície e dourar em 20 segundos, está boa. Frite as cenouras por 2 minutos. Retire com a escumadeira e escorra em papel-toalha.

**Frite** a carne em pequenas porções, por 30 segundos, até ficar crocante. Retire da panela e escorra.

**Reserve** 1 colher (sopa) do óleo e aqueça o restante na wok em fogo alto. Coloque o alho e o gengibre, mexa bem, e junte o shoyu, o suco e as raspas de laranja e o saquê. Acrescente o mel e misture até dissolver. Adicione a carne, as cenouras e a cebolinha. Mexa e abaixe o fogo, cozinhando até o molho engrossar. Sirva com arroz, se desejar. Decore com as raspas de limão e a cebolinha.

**Variação: carne com brócolis.** Ferva 150 g de brócolis por 2 minutos. Em vez das cenouras, frite os buquês de brócolis da mesma forma. Continue como na receita acima.

# carne com molho de feijão

**4** porções
Preparo: **10 minutos**
Cozimento: **10 minutos**

- 3 colheres (sopa) de **óleo de amendoim**
- 500 g de **filé-mignon** em tiras
- 1 **pimentão vermelho** sem sementes em tiras
- 6 **minimilhos** cortados ao meio
- 1 **pimenta verde** em tiras
- 3 **minicebolas** em fatias
- 2 colheres (sopa) de **molho de feijão-preto**
- 1 colher (sopa) de **farinha de milho** misturada com 1 colher (sopa) de **água**
- 4 colheres (sopa) de **água**
- **sal** a gosto

**Aqueça** 1 colher (sopa) de óleo na wok, em fogo alto, até sair vapor. Coloque metade da carne, tempere com sal e frite por 2 minutos. Retire da panela, ponha num prato e aqueça mais 1 colher (sopa) de óleo. Frite o restante da carne da mesma forma.

**Limpe** a wok com papel-toalha e leve ao fogo alto. Acrescente o restante do óleo, espere esquentar e adicione o pimentão, os minimilhos, a pimenta, as minicebolas e mexa bem. Frite por 2 minutos e acrescente o molho de feijão e a farinha com a água. Deixe ferver, adicione a carne novamente e cozinhe até o molho engrossar. Sirva com arroz, se desejar.

**Variação: camarão com molho de feijão.** Substitua a carne por 250 g de camarões graúdos sem casca. Use 75 g de brotos de feijão, 1 pimenta vermelha e 3 cebolinhas picadas no lugar dos minimilhos, das cebolas e da pimenta verde. Faça a receita como indicado acima.

# carne com legumes picante

**4** porções
Preparo: **15 minutos**
Cozimento: **2h30**

2 colheres (sopa) de **azeite**
1 **cebola** grande picada
1 colher (sopa) de **gengibre** picado
2 **pimentas** picadas
500 g de **músculo** em cubos
2 dentes de **alho** amassados
600 ml de **caldo de carne**
5 **anises-estrelados**
1 colher (chá) de **cinco especiarias**
1 pau de **canela**
1 colher (chá) de **erva-doce**
raspas de ½ **limão**
1 talo de **capim-limão** picado
1 colher (chá) de **pimenta--preta** em grãos
2 colheres (sopa) de **shoyu**
400 g de **cenoura** em fatias
500 g de **nabo** em fatias
**cebolinha** para decorar

**Aqueça** o azeite na wok, em fogo médio. Junte a cebola, o gengibre e a pimenta e frite por 5-7 minutos.

**Aumente** o fogo, adicione a carne e frite por 5-10 minutos, até dourar, mexendo ocasionalmente.

**Acrescente** o alho, o caldo, os anises-estrelados, a mistura de cinco especiarias, a canela, a erva-doce, as raspas de limão, o capim-limão, a pimenta e o shoyu. Mexa bem. Espere ferver e abaixe o fogo. Tampe a panela e deixe reduzir por 1h30, mexendo às vezes. Junte a cenoura e o nabo e cozinhe por mais 45 minutos, até os legumes amolecerem.

**Retire** o excesso de gordura e decore com talos de cebolinha.

**Acompanhamento: brócolis com gergelim.** Use 500 g de buquês de brócolis. Ferva por 2 minutos, escorra e reserve. Faça um molho com 1 colher (sopa) de óleo de gergelim, 1 colher (sopa) de shoyu e 1 dente de alho amassado. Despeje sobre o brócolis antes de servir e salpique com sementes de gergelim torradas.

# salada de carne à tailandesa

**4** porções
Preparo: **15 minutos**
Cozimento: **5-10 minutos**

2 colheres (sopa) de **óleo vegetal**
500 g de **filé-mignon** cortado em tiras
3 dentes de **alho** bem picados
2 **pimentas verdes** em rodelas finas
suco de 2 **limões**
1 colher (sopa) de **molho de peixe** (nam pla)
2 colheres (sopa) de **açúcar**
2 **mamões papaia** em fatias finas
½ **pepino** em tiras
75 g de **brotos de feijão**
1 **alface** em tiras

**Aqueça** o óleo na wok em fogo médio. Junte a carne, o alho e a pimenta, aumente o fogo e refogue por 3-4 minutos, até a carne dourar por igual.

**Acrescente** o suco de limão, o molho de peixe, o açúcar e mexa bem até ferver. Retire a panela do fogo.

**Tire** a carne da panela com a escumadeira. Junte numa tigela com o mamão, o pepino, os brotos de feijão e a alface. Regue com o molho que ficou na panela e sirva ainda quente, acompanhada por molho de pimenta, se desejar.

**Variação: salada de carne com manga.** Frite a carne com o alho, a pimenta, o suco de limão, o molho de peixe e o açúcar, como indicado acima. Substitua os mamões por 2 mangas em fatias finas. Misture a carne com as mangas, o pepino, os brotos de feijão e sirva quente, com folhas de coentro no lugar da alface. Regue com o molho da panela.

# carne moída com ovos mexidos

**4** porções
Preparo: **5 minutos**, mais o tempo da marinada
Cozimento: **10 minutos**

300 g de **carne moída**
1 ½ colheres (sopa) de **shoyu light**
3 colheres (chá) de **óleo de gergelim**
1 colher (sopa) de **saquê culinário**
½ colher (chá) de **sal**
1 colher (chá) de **açúcar**
3 colheres (sopa) de **óleo de amendoim**
1 **cebola roxa** em gomos
1 **pimenta vermelha** sem sementes picada
3 **ovos**
**pimenta-preta** a gosto
folhas de **coentro** para decorar

**Separe** bem a carne com um garfo e coloque numa tigela com 1 colher (sopa) de shoyu, 2 colheres (chá) de óleo de gergelim e o saquê culinário. Tempere com o sal, o açúcar e pimenta-preta. Misture bem e deixe marinar por 15 minutos.

**Aqueça** 2 colheres (sopa) de óleo de amendoim na wok, em fogo alto, até sair vapor. Refogue a cebola e a pimenta por 2 minutos, até dourar. Adicione a carne e deixe até cozinhar, sem dourar. Escorra numa peneira e reserve.

**Limpe** a wok com papel-toalha, leve ao fogo novamente e adicione o óleo de amendoim restante. Enquanto esquenta, misture os ovos, o óleo de gergelim e o shoyu restantes e tempere com pimenta-preta. Coloque na wok e cozinhe por 1 minuto, mexendo sempre. Recoloque a carne na panela e frite por mais 1 minuto. Salpique coentro e sirva com arroz, se desejar.

**Variação: carne moída de frango com ovo e macarrão.** Prepare 200 g de macarrão de arroz conforme as instruções da embalagem. Escorra e reserve. Use 300 g de carne moída de frango no lugar da carne vermelha, e siga a receita acima. Junte o macarrão quando recolocar a carne na panela. Sirva com coentro e o suco de 1 limão.

# carne à tailandesa

**4** porções
Preparo: **5 minutos**
Cozimento: **15 minutos**

2 colheres (sopa) de **óleo de amendoim**
2 bifes de **filé-mignon** (250 g cada um)
1 **cebola** em fatias
3 **pimentões**, um de cada cor, sem sementes picados
1 talo de **capim-limão** picado
2 **pimentas vermelhas** sem sementes picadas
2 dentes de **alho** picados
1 cm de **gengibre** picado
4 colheres (sopa) de **molho de ostra**
3 colheres (sopa) de **água**
**manjericão tailandês** ou o comum
**sal** e **pimenta-preta** a gosto

**Passe** 1 colher (sopa) de óleo nos bifes e tempere com sal e pimenta. Grelhe-os na frigideira por 3 minutos de cada lado e deixe descansar por 3-4 minutos. Corte em tiras.

**Esquente** bem o restante do óleo na wok em fogo alto. Junte a cebola. Após 3 minutos, quando começar a amolecer, junte os pimentões, o capim-limão, as pimentas vermelhas, o alho e o gengibre. Adicione o molho de ostra, a água e espere levantar fervura.

**Retire** a panela do fogo e junte o manjericão e as tiras de carne. Sirva imediatamente.

**Variação: salada de carne aromática à tailandesa.**
Cozinhe 50 g de macarrão de arroz de acordo com as instruções da embalagem. Escorra, deixe esfriar e reserve. Cozinhe a carne e os pimentões como indicado na receita acima e deixe esfriar. Coloque numa tigela junto com o manjericão, um pouco de castanha de caju picada e folhas de coentro. Acrescente o macarrão e misture bem.

# ensopado de carne

**4** porções
Preparo: **5 minutos**
Cozimento: **8 minutos**

1 colher (sopa) de **óleo de amendoim**
625 g de **filé-mignon** em tiras
2 colheres (sopa) de **pasta de curry vermelha** (p. 80)
400 ml de **leite de coco**
150 ml de **caldo de legumes** ou de **carne**
2,5 cm de **gengibre** picado
1 talo de **capim-limão** amassado
1 colher (sopa) de **açúcar demerara**
100 g de **ervilha-torta** cortada diagonalmente
100 g de **brotos de feijão**
1 colher (sopa) de **molho de peixe** (nam pla)
raspas de 1 **limão**
folhas de **coentro**

**Esquente** bem o óleo em fogo alto. Junte a carne e a pasta de curry, mexendo para espalhar o tempero, por 2 minutos, até a carne ficar levemente dourada, mas malpassada.

**Coloque** o leite de coco e o caldo, o gengibre, o capim-limão, a ervilha-torta, os brotos de feijão, o molho de peixe e as raspas de limão na panela. Ferva, diminua o fogo e deixe reduzir por 2 minutos, até a ervilha amolecer.

**Retire** o gengibre e o talo de capim-limão do ensopado e junte as folhas de coentro. Sirva com arroz, se desejar.

**Variação: ensopado vegetariano.** Substitua a carne por uma berinjela picada em cubos, 6 minimilhos cortados ao meio no sentido do comprimento e 25 g de brotos de bambu picado. Frite a pasta de curry no óleo por 1 minuto. Adicione os legumes e os outros ingredientes acima, e deixe cozinhar por 7-8 minutos em fogo baixo (após levantar fervura) ou até a berinjela ficar macia.

# tiras de carne à indonésia

**4** porções
Preparo: **5 minutos**
Cozimento: **8 minutos**

1 **cebola** picada
2 dentes de **alho**
2,5 cm de **gengibre** em fatias
1 **pimenta vermelha** sem sementes
2 colheres (sopa) de **camarão seco**
3 colheres (sopa) de **óleo de amendoim**
500 g de **contrafilé** em tiras
1 colher (sopa) de **pasta de tamarindo**
4 colheres (sopa) de **água**
2 colheres (sopa) de **shoyu**
1 colher (chá) de **açúcar demerara**
folhas de **hortelã**, mais algumas para decorar
1 colher (sopa) de **cebolinha** picada para decorar

**Bata** a cebola, o alho, o gengibre, a pimenta e o camarão seco no processador até formar uma pasta homogênea.

**Aqueça** o óleo na wok em temperatura média. Junte a pasta e cozinhe por 2 minutos, mexendo sempre, até o óleo se separar dos outros ingredientes.

**Junte** a carne e frite até mudar de cor. Adicione a pasta de tamarindo, a água e o shoyu. Deixe levantar fervura por 2-3 minutos, até o líquido evaporar quase todo e a carne cozinhar. Acrescente o açúcar e a hortelã. Tempere a gosto e decore com cebolinha e folhas de hortelã. Sirva com um prato vegetariano e arroz, se desejar.

**Variação: carne de porco com pimentão e cogumelos.** Substitua a carne por 500 g de lombo de porco em tiras. Acrescente 1 pimentão amarelo em tiras e 75 g de cogumelos cortados ao meio. Siga a receita como indicado acima, colocando os legumes restantes na panela junto com a carne.

# carne à coreana

**4** porções
Preparo: **12 minutos**, mais o tempo da marinada
Cozimento: **10 minutos**

500 g de **contrafilé** em tiras
2 colheres (sopa) de **óleo de gergelim**
2 colheres (sopa) de **shoyu light**
½ colher (chá) de **sal**
1 colher (chá) de **açúcar**
2 dentes de **alho**
1 colher (sopa) de **gengibre** picado
1 **pepino**
3 colheres (sopa) de **óleo de amendoim**
4 talos de **cebolinha** picados na diagonal
2 colheres (sopa) de **sementes de gergelim** torradas

**Coloque** a carne numa tigela com o óleo de gergelim, o shoyu, o sal, o açúcar, o alho e o gengibre. Deixe marinar por 30 minutos.

**Descasque** o pepino e corte em fatias finas no sentido do comprimento.

**Aqueça** bem metade do óleo na wok em fogo alto. Frite metade da carne por 2-3 minutos, sem parar de mexer. Retire com a escumadeira. Esquente o restante do óleo e frite a carne restante da mesma maneira.

Adicione o pepino e a cebolinha à panela. Refogue por mais 1 minuto, até o pepino ficar levemente cozido. Sirva com sementes de gergelim por cima.

**Variação: carne de porco com pepino.** Use 500 g de lombo de porco em tiras no lugar do contrafilé. Junte 1 colher (sopa) de sementes de coentro amassadas à marinada. Prepare o prato como indicado. Finalize com 1 pimenta vermelha cortada em rodelas, um punhado de coentro fresco picado e suco de ½ limão.

# carne com pimentão

**4** porções
Preparo: **10 minutos**
Cozimento: **8 minutos**

½ colher (sopa) de **óleo de amendoim**
1 colher (sopa) de **molho de feijão-preto**
400 g **filé-mignon** em tiras
1 **pimenta vermelha** sem sementes em tiras
100 g de **cebola** em pedaços grandes
300 g de **pimentão amarelo** sem sementes e em pedaços
200 ml de **caldo de carne**
1 colher (sopa) de **farinha de milho** misturada com 1 colher (sopa) de **água**

**Esquente** bem o óleo na wok em fogo alto. Ponha o molho de feijão e cozinhe por alguns segundos. Adicione a carne e frite por 1 minuto, até cozinhar um pouco.

**Junte** a pimenta, a cebola e o pimentão e refogue por 1-2 minutos. Acrescente o caldo de carne e espere levantar fervura.

**Coloque** a pasta de farinha de milho aos poucos, até o molho engrossar e tornar-se transparente. Sirva imediatamente.

**Acompanhamento: molho de tomate apimentado.** Aqueça 100 ml de passata na wok com 2 colheres (sopa) de saquê culinário, 1 colher (sopa) de molho de pimenta e 2 colheres (sopa) de água. Espere levantar fervura, abaixe o fogo e espere engrossar. Deixe esfriar antes de servir.

# salada de carne e tomate

**4** porções
Preparo: **10 minutos**
Cozimento: **6 minutos**

2 colheres (sopa) **óleo de amendoim**
2 dentes de **alho** picados
1 colher (sopa) de **gengibre** bem picado
375 g de **contrafilé** em tiras
250 g de **tomates-cereja** cortados ao meio
**coentro**
1 **cebola roxa** em rodelas

**Molho**
1 colher (sopa) de **shoyu**
2 colheres (chá) de **farinha de milho**
1 colher (sopa) de **saquê culinário**
uma pitada de **sal**

**Misture** todos os ingredientes do molho numa tigela e mexa bem. Reserve.

**Aqueça** o óleo na wok até ficar bem quente. Refogue o alho e o gengibre por alguns segundos. Junte a carne e deixe por mais 2-3 minutos, até ficar levemente dourada.

**Adicione** o molho à panela, mexa bem e espere engrossar. Coloque a carne numa tigela com o restante dos ingredientes. Tempere a gosto e sirva como uma salada quente.

**Variação: salada de frango e hortelã.** Use 375 g de frango em tiras no lugar da carne e frite como na receita acima. Junte o molho e, quando o frango cozinhar por completo, coloque numa tigela com 4 folhas de endívia fatiadas, 50 g de brotos de feijão, 50 g de ervilha e algumas folhas de hortelã.

# cordeiro com ervilhas

**4** porções
Preparo: **10 minutos**, mais o tempo da marinada
Cozimento: **10 minutos**

2 colheres (sopa) de **farinha de milho**
1 ½ colheres (sopa) de **saquê culinário**
2 colheres (sopa) de **shoyu light**
2 dentes de **alho** picados
500 g de carne de **cordeiro** em tiras
1 colher (chá) de **pimenta-chinesa**
¼ de colher (chá) de **sal grosso**
3 colheres (sopa) de **óleo de amendoim**
75 g de **ervilhas na vagem** cortada em três
1 colher (chá) de **óleo de gergelim**
1 **pimenta vermelha** sem sementes picada
1 talo de **cebolinha** picado

**Misture** a farinha de milho com o saquê numa tigela, até obter uma pasta. Junte o shoyu, o alho e a carne, misture e deixe marinar por 25-30 minutos. Escorra.

**Coloque** a pimenta-chinesa na wok, em fogo alto, até começar a estourar e soltar o aroma. Transfira para um pilão junto com o sal e soque bem.

**Aqueça** metade do óleo na wok em fogo alto, até ficar bem quente. Frite metade do cordeiro por 3 minutos. Retire com a escumadeira. Aqueça a outra metade do óleo e frite a carne restante da mesma maneira.

**Coloque** todo o cordeiro na wok, junte as ervilhas e, após 1 minuto, adicione o óleo de gergelim, a pimenta vermelha, a cebolinha e a mistura de sal e pimenta-chinesa. Cozinhe por mais 1 minuto e sirva com macarrão, se desejar.

**Variação: vieiras com ervilha e pimenta-chinesa.** Substitua o cordeiro por 12 vieiras e a ervilha na vagem por ervilha-torta cortada ao meio. Marine as vieiras como indicado e frite em duas etapas. Recoloque na panela, adicione as ervilhas e finalize como indicado acima.

# cordeiro com batata-doce e vagem

**4** porções
Preparo: **15 minutos**
Cozimento: **15 minutos**

3 colheres (sopa) de **óleo de amendoim**
2,5 cm de **gengibre** picado
2 dentes de **alho** picados
2 **pimentas vermelhas** sem sementes picadas
400 g de **batata-doce** em fatias cortadas ao meio
150 g de **vagens** cortadas ao meio
250 g de carne de **cordeiro** em tiras
3 colheres (sopa) de **molho de ostra**
1 colher (sopa) de **água**
1 colher (chá) de **óleo de gergelim**

**Aqueça** metade do óleo na wok em fogo alto, até ficar bem quente. Refogue o gengibre, o alho e a pimenta por alguns segundos. Adicione a batata-doce e deixe por mais 3-4 minutos, mexendo sempre. Acrescente as vagens e frite por mais 3-4 minutos, ou até a batata amolecer e as vagens dourarem. Coloque as verduras num prato e reserve.

**Limpe** a wok com papel-toalha e aqueça com o óleo restante em fogo alto. Frite o cordeiro por 2 minutos, adicione o molho de ostra e a água. Cozinhe, mexendo sempre, por mais 1 minuto. Acrescente os legumes cozidos e refogue por mais 1 minuto. Finalize com o óleo de gergelim, misture e sirva.

**Variação: frango com cenoura e molho de feijão.** Fatie 250 g de cenoura e use no lugar da batata--doce. Substitua o cordeiro por frango cortado em cubos e use 3 colheres (sopa) de molho de feijão em vez do molho de ostra.

# carne de porco

# carne de porco agridoce

**4** porções
Preparo: **15 minutos**, mais o tempo da marinada
Cozimento: **20 minutos**

- 4 colheres (sopa) de **farinha de milho**
- 1 colher (sopa) de **saquê culinário**
- 1 colher (sopa) de **shoyu light**
- 2 colheres (sopa) de **óleo de gergelim**
- 1 **gema**
- ½ colher (chá) **sal**
- 500 g de **lombo de porco**
- 1 **pimentão verde** e 1 **vermelho** sem sementes em pedaços
- 1 **cenoura** em rodelas
- 150 g de **abacaxi** picado
- 2 colheres (sopa) de **shoyu**
- 4 talos de **cebolinha** picados
- **farinha de trigo**
- **óleo vegetal** para fritar

**Molho agridoce**

- 200 ml de **vinagre**
- 100 ml de **saquê culinário**
- 2 colheres (sopa) de **açúcar**
- 4 colheres (sopa) de **purê de tomate**
- 1,5 cm de **gengibre** em rodelas
- 3 **dentes de alho**

**Coloque** 1 colher (sopa) de farinha de milho numa tigela e misture com o saquê culinário até formar uma pasta. Adicione o shoyu, o óleo de gergelim, a gema e o sal. Corte a carne em cubos, junte à pasta e misture bem. Cubra e deixe marinar por 2 horas ou durante toda a noite.

**Corte** os pimentões em pedaços e reserve. Aqueça todos os ingredientes do molho agridoce numa panela até ferver. Junte o pimentão e a cenoura e abaixe o fogo. Deixe reduzir por 5 minutos. Adicione o abacaxi e cozinhe por mais 3-4 minutos, até os legumes e o abacaxi amolecerem. Junte o shoyu e a cebolinha e reserve.

**Misture** 4 colheres (sopa) de farinha de trigo com o restante da farinha de milho e polvilhe o porco marinado.

**Aqueça** na wok óleo suficiente para fritar a carne. Para testar a temperatura, jogue um pedaço de miolo de pão. Se ele dourar em 20 segundos, já está no ponto. Frite em 3-4 porções até dourar. Retire da panela com a escumadeira, escorra em papel-toalha e sirva com o molho agridoce. Ou com o arroz, se preferir.

**Variação: legumes ao molho agridoce.** Faça o molho como indicado acima e reserve. Aqueça 1 colher (sopa) de óleo de amendoim na wok e refogue, por 3 minutos, 1 cenoura em rodelas, 1 pimentão vermelho e 1 amarelo em tiras, 200 g de couve-flor e 5 talos de cebolinha picados. Regue com o molho e cozinhe até os legumes amolecerem.

# carne de porco picante à tailandesa

**4** porções
Preparo: **20 minutos**
Cozimento: **30 minutos**

2 colheres (sopa) de **óleo de amendoim**
2 **cebolas roxas** em fatias finas
1 **pimenta verde** sem sementes picada
2 colheres de **pasta de curry vermelha** (p. 80)
500 g de **lombo de porco** em tiras
1 colher (sopa) de **molho de peixe** (nam pla)
½ colher (sopa) de **açúcar mascavo**
150 ml de **leite de coco**
75 g **brotos de bambu** em conserva, mais um pouco para servir
2 colheres (sopa) de **coentro fresco**

**Para decorar**
**pimenta vermelha** em rodelas
folhas de **coentro**

**Aqueça** o óleo na wok em fogo médio. Frite a cebola e a pimenta por 3 minutos. Acrescente a pasta de curry e deixe mais 1 minuto.

**Junte** o lombo e misture para que o tempero cubra a carne por igual. Adicione o molho de peixe e o açúcar, mexa bem e frite por 3 minutos. Coloque o leite de coco e ferva. Abaixe o fogo e deixe reduzir por 20 minutos, mexendo ocasionalmente, até a carne cozinhar.

**Acrescente** o broto de bambu e o coentro e cozinhe por mais 2 minutos.

**Decore** com rodelas de pimenta e coentro. Sirva com mais brotos de bambu, se desejar.

**Variação: carne de porco à tailandesa.** Não use a pimenta verde e substitua a pasta de curry vermelha pela amarela (p. 148). Aumente o leite de coco para 400 ml e, na hora de colocá-lo na panela, junte 200 g de batata fatiada. Siga a receita acima.

# carne de porco picante com manjericão

**4** porções
Preparo: **10 minutos**
Cozimento: **8-10 minutos**

2 colheres (sopa) de **óleo vegetal**
1 **dente de alho**
2 **pimentas vermelhas** picadas
125 g de **lombo de porco** em tiras
¼ de colher (chá) de **pimenta-preta**
1 colher (sopa) de **molho de peixe** (nam pla)
½ colher (sopa) de **açúcar**
50 g de **broto de bambu** em conserva fatiado (opcional)
2 colheres (sopa) de **cebola** picada
½ **pimentão vermelho** sem sementes picado
4 colheres (sopa) de **caldo de legumes**
folhas de **manjericão**
3-4 **pimentas vermelhas** em rodelas para decorar

**Aqueça** o óleo na wok em fogo alto. Frite o alho e as pimentas até dourar. Adicione a carne de porco, a pimenta-preta, o molho de peixe e o açúcar, mexendo sempre.

**Junte** os brotos de bambu, a cebola, o pimentão vermelho e o caldo de legumes e cozinhe por 5 minutos. Adicione as folhas de manjericão (reserve algumas) e deixe por mais 1 minuto.

**Decore** com as folhas de manjericão reservadas e a pimenta vermelha. Sirva imediatamente, com arroz, se desejar.

**Variação: carne com pimenta e manjericão.** Substitua a carne de porco por contrafilé e deixe marinar com 1 colher (sopa) de pasta de curry vermelha (p. 80) por 30 minutos. Continue como na receita acima.

# carne de porco picante com feijão

**4** porções
Preparo: **15 minutos**, mais o tempo da marinada
Cozimento: **12 minutos**

1 colher (chá) de **farinha de milho**
2 colheres (sopa) de **saquê culinário**
1 colher (chá) de **açúcar**
½ colher (chá) de **sal**
2 colheres (sopa) de **molho de feijão-preto**
500 g de **lombo de porco** em tiras
3 colheres (sopa) de **óleo de amendoim**
1,5 cm de **gengibre** em tiras
1 **cebola roxa** em fatias
1 **pimentão vermelho** sem sementes em rodelas
2 **dentes de alho** picados
2 colheres (sopa) de **água**
4 talos de **cebolinha** picados
2 **pimentas vermelhas** sem sementes picadas
2 colheres (sopa) de **óleo de gergelim**

**Coloque** a farinha de milho, o saquê, o açúcar, o sal e o molho de feijão numa tigela e misture até obter uma pasta. Acrescente a carne de porco, mexa bem e deixe marinar por 10 minutos.

**Aqueça** 1 colher (sopa) de óleo de amendoim na wok em fogo alto, até ficar bem quente. Frite metade da carne por 2-3 minutos, até dourar. Retire com a escumadeira. Aqueça outra colher de óleo e frite a carne restante da mesma maneira.

**Limpe** a wok com papel-toalha. Aqueça bem o óleo de amendoim. Refogue o gengibre, a cebola, o pimentão e o alho por 2 minutos. Recoloque a carne na wok com a água e cozinhe por mais 1 minuto.

**Adicione** a cebolinha, as pimentas e o óleo de gergelim e cozinhe por mais 30 segundos, depois sirva

**Variação: peixe com cogumelos e molho de feijão.** Corte 500 g de filé de badejo em cubos e use no lugar da carne de porco. Substitua os pimentões por 200 g de shitake em tiras. Siga a receita acima.

# carne de porco com arroz integral

**4** porções
Preparo: **15 minutos**
Cozimento: **30 minutos**

200 g de **arroz integral**
1 colher (sopa) de **óleo de girassol**
400 g de **lombo de porco** em tiras
2 **dentes de alho**
300 g de **legumes** como brotos de feijão, pimentão e cenoura em tiras, brócolis e alho-poró em rodelas
350 ml de **suco de maçã**
2 colheres (chá) de **purê de tomate**
1 colher (chá) de **cinco especiarias**

**Meça** o arroz numa xícara e leve ao fogo uma panela com 3 vezes mais a quantidade de água (para 2 xícaras de arroz, 6 xícaras de água). Quando a água ferver, coloque o arroz e deixe cozinhar em fogo baixo por cerca de 30-40 minutos.

**Pouco** antes de o arroz ficar pronto, aqueça o óleo na wok em fogo alto, até ficar bem quente. Refogue a carne de porco e o alho, mexendo sempre, por 3 minutos. Junte os legumes e cozinhe por mais 3 minutos.

**Misture** o suco de maçã com o purê de tomate e as cinco especiarias. Adicione à wok e cozinhe por 1 minuto.

**Sirva** o arroz em cumbucas e coloque a carne e os legumes por cima.

**Variação: camarão com arroz integral.** Substitua a carne de porco por 250 g de camarões graúdos descascados. Frite o alho por 1 minuto. Junte 1 pimentão vermelho e 1 verde picados, 1 cebola picada e siga a receita como indicado acima.

# carne de porco moída com amendoim

**4** porções
Preparo: **5 minutos**
Cozimento: **10 minutos**

1 colher (sopa) de **óleo de amendoim**
2 **dentes de alho** picados
1 **pimenta vermelha** seca picada
200 g de **carne de porco moída**
40 g de **vagens** em pedaços grandes
1 colher (sopa) de **molho de peixe** (nam pla)
30 g de **amendoins** torrados picados
1 colher (sopa) de **água**
2 colheres (sopa) de **shoyu light**
¼ de colher (chá) de **açúcar**
8 folhas de **alface**
**molho de pimenta** para servir

**Aqueça** o óleo na wok em fogo médio, até ficar bem quente. Refogue o alho e a pimenta seca por poucos segundos. Adicione a carne de porco e deixe por mais 4-5 minutos, até dourar.

**Acrescente** as vagens e cozinhe por mais 1 minuto. Junte o molho de peixe, os amendoins, a água, o shoyu e o açúcar e deixe por mais 1 minuto. Coloque em cima das folhas de alface e sirva com molho de pimenta.

**Variação: carne moída com macarrão.** Siga a primeira etapa da receita usando carne moída bovina no lugar da suína. Substitua as vagens por 4 talos de cebolinha picados. Misture a carne com 200 g de macarrão para yakissoba já cozido. Finalize com ½ colher (chá) de óleo de gergelim e 2 colheres (sopa) de shoyu light.

# tofu com carne de porco

**4** porções
Preparo: **5 minutos**
Cozimento: **15 minutos**

¼ de colher (chá) de **pimenta-chinesa**
½ colher (chá) de **sal grosso**
250 g de **tofu** firme
**óleo vegetal** para fritar
2 colheres (sopa) de **óleo de amendoim**
3 **dentes de alho** picados
1 colher (sopa) de **gengibre** picado
300 g de **carne de porco moída**
4 colheres (sopa) **saquê culinário**
1 colher (sopa) de **açúcar**
1 colher (sopa) de **molho de ostra**
2 colheres (sopa) de **shoyu**
1 colher (chá) de **óleo de gergelim**
1 colher (sopa) de **vinagre**
½ colher (chá) de **molho de pimenta**
4 colheres (sopa) de **caldo de galinha** ou **água**
1 **alho-poró** em rodelas
1 **pimenta vermelha** picada para decorar

**Coloque** a pimenta-chinesa na wok, em fogo médio, até começar a estourar e a soltar o aroma. Transfira para um pilão, junte o sal e soque bem. Reserve.

**Escorra** o tofu e seque com papel-toalha antes de cortar em pedaços. Coloque na wok óleo suficiente para fritar o tofu por imersão. Para testar a temperatura, jogue um pedaço de miolo de pão. Se ele dourar em 20 segundos, está ideal. Frite metade do tofu e retire com a escumadeira quando dourar. Frite a outra metade e escorra tudo em papel-toalha.

**Aqueça** o óleo de amendoim na wok em fogo alto. Frite o alho e o gengibre até dourarem, mexendo sempre. Adicione a carne de porco e deixe por mais 2 minutos, até cozinhar (mas sem dourar). Junte a mistura de sal e pimenta, o saquê, o açúcar, o molho de ostra, o shoyu, o óleo de gergelim, o vinagre, o molho de pimenta, o caldo e o alho-poró. Devagar, coloque o tofu, um pedaço por vez, na wok, evitando que grudem uns aos outros. Reduza o fogo e deixe por mais 3 minutos. Sirva com pimenta picada por cima.

**Variação: carne de porco picante com macarrão.** Siga a receita acima, substituindo o tofu por macarrão para yakissoba já cozido. Sirva com 2 tomates picados, 4 talos de cebolinha picados e alface picada.

# carne de porco picante com acelga

**4** porções
Preparo: **5 minutos**
Cozimento: **8 minutos**

2 colheres (sopa) de **óleo de amendoim**
2 **dentes de alho** picados
1 colher (sopa) de **gengibre** picado
300 g **carne de porco** moída
200 g de **acelga** em fatias
3 colheres (sopa) de **saquê culinário**
2 colheres (sopa) de **molho de ostra**
1 colher (chá) de **açúcar**
1 colher (chá) de **óleo de gergelim**
1 **pimenta vermelha** picada

**Aqueça** o óleo na wok em fogo alto, até ficar bem quente. Frite o alho e o gengibre por alguns segundos. Acrescente a carne e deixe por mais 2-3 minutos, até cozinhar mas sem dourar.

**Adicione** a acelga e cozinhe por mais 1 minuto. Junte o saquê, o molho de ostra, o açúcar e cozinhe por 2 minutos, até a acelga ficar no ponto. Acrescente o óleo gergelim e cozinhe por mais 30 minutos. Sirva com a pimenta por cima.

**Variação: sopa de carne de porco e acelga.** Frite o alho e o gengibre como descrito acima. Coloque o saquê, o açúcar e 2 colheres (sopa) de shoyu light. Deixe reduzir por 1 minuto. Adicione 1 litro de caldo de galinha e espere ferver. Acrescente a carne de porco, a acelga e a pimenta. Ferva em fogo baixo por 10 minutos e sirva com cebolinha picada por cima.

# carne de porco ao gengibre

**4** porções
Preparo: **15 minutos**, mais o tempo da marinada
Cozimento: **10 minutos**

1 colher (sopa) de **sementes de coentro**
2 colheres (sopa) de **gengibre** picado
2 **dentes de alho** picados
2 **pimentas verdes** picadas
½ **cebola** em fatias
1 colher (sopa) de **mel**
2 colheres (sopa) de **shoyu**
½ colher (chá) de **sal**
500 g de **lombo de porco** em tiras
4 colheres (sopa) de **óleo vegetal**
1 **cenoura** grande
6 talos de **cebolinha** em pedaços grandes
suco de 1 **limão**

**Coloque** as sementes de coentro na wok, em fogo médio, até começarem a estourar e a soltar o aroma. Transfira para um pilão e moa bem.

**Junte** o coentro moído, o gengibre, o alho, a pimenta, a cebola, o mel, o shoyu, o sal e a carne de porco numa tigela. Misture bem e deixe marinar por 2 horas, ou durante toda a noite, na geladeira. Escorra a carne e reserve a marinada. Seque bem a carne com papel-toalha.

**Aqueça** metade do óleo na wok em fogo alto, até ficar bem quente. Frite a metade da carne por 2-3 minutos, até dourar. Transfira para um prato. Limpe a wok com papel-toalha e recoloque no fogo. Aqueça o óleo restante e frite a outra metade da carne.

**Coloque** toda a carne na wok e junte a cenoura e metade da cebolinha. Frite por 1 minuto, adicione a marinada, mexa bem e espere ferver. Tire do fogo, adicione o suco de limão, a cebolinha restante e sirva com macarrão, se desejar.

**Variação: camarões com abobrinha, gengibre e coentro.** Substitua a carne de porco por 250 g de camarões graúdos descascados e a cenoura por uma abobrinha fatiada. Siga a receita acima e finalize com um punhado de coentro.

# carne de porco ao mel

**4** porções
Preparo: **10 minutos**
Cozimento: **10 minutos**

- 500 g de **lombo de porco** em tiras
- 1 colher (chá) de **farinha de milho**
- 2 colheres (chá) de **gengibre** picado
- 2 colheres (sopa) de **shoyu**
- 2 colheres (sopa) de **mel**
- 2 colheres (sopa) de **saquê culinário**
- 2 colheres (chá) de **cinco especiarias**
- 1 colher (chá) de **óleo de gergelim**
- 3 colheres (sopa) de **óleo de amendoim**
- 1 **pimentão verde** sem sementes e em pedaços
- 3 talos de **cebolinha** em pedaços
- 1 colher (sopa) de **vinagre**
- 1 colher (sopa) de **shoyu**
- 2 colheres (sopa) de **água**
- **sal** e **pimenta-branca** a gosto
- suco de 1 **limão**

**Coloque** a carne numa tigela e polvilhe com a farinha de milho. Junte o gengibre, o shoyu, o mel, o saquê, as cinco especiarias e o óleo de gergelim. Cubra e deixe marinar por 30 minutos ou durante a noite.

**Aqueça** metade do óleo na wok em fogo alto, até ficar bem quente. Escorra a carne e coloque metade na panela. Frite por 2 minutos, retire com a escumadeira e reserve. Limpe a wok com papel-toalha, aqueça o óleo restante e frite a outra metade da carne.

**Refogue** toda a carne na wok com o pimentão, a cebolinha, o vinagre, o shoyu e a água, por mais 3 minutos, até a carne cozinhar e os pimentões começarem a ficar no ponto. Tempere com sal, pimenta a gosto e o suco de limão. Sirva com arroz e limão, se desejar.

**Variação: mexilhões com mel e gengibre.** Substitua a carne de porco por 1 kg de mexilhões. Não use a farinha de milho. Aqueça 1 colher (sopa) de óleo de amendoim na wok. Junte o gengibre e frite por alguns segundos. Adicione o shoyu, o mel, o saquê e o óleo de gergelim. Ferva. Junte os mexilhões e cozinhe por 2-3 minutos, até abrirem (descarte os que não abrirem). Finalize com a cebolinha, o suco de limão e o shoyu.

# carne de porco com vagens

**4** porções
Preparo: **10 minutos**
Cozimento: **5 minutos**

2 colheres (sopa) de **óleo de amendoim**
1 ½ colher (sopa) de pasta de **curry vermelha** (p. 80)
375 g de **lombo de porco** em tiras
100 g de **vagens**
2 colheres (sopa) de **molho de peixe** (nam pla)
1 colher (chá) de **açúcar**
**cebolinha** para decorar

**Aqueça** o óleo na wok em fogo médio, até ficar bem quente. Adicione a pasta de curry e continue mexendo.

**Coloque** a carne e as vagens na panela e frite 2-3 minutos, até a carne cozinhar e as vagens ficarem no ponto.

**Junte** o molho de peixe e o açúcar à panela. Mexa bem e sirva decorado com cebolinha.

**Variação: frango com ervilhas.** Repita a receita acima, usando 1 ½ colher (sopa) de pasta de curry verde no lugar da vermelha. Substitua a carne de porco por peito de frango em tiras e as vagens por ervilhas. Finalize com um pouco de suco de limão antes de servir.

# carne de porco com brócolis e cogumelos

**4** porções
Preparo: **10 minutos**
Cozimento: **10 minutos**

1 colher (sopa) de **sementes de gergelim**
3 colheres (sopa) de **óleo de amendoim**
400 g de **lombo de porco** em tiras
250 g de **brócolis**
150 g de **shitake**
3 **alhos-porós** em fatias
3 colheres (sopa) **saquê culinário**
3 colheres (sopa) de **molho de ostra**
2 colheres (sopa) de **vinagre**
1 colher (chá) **açúcar**
1 colher (chá) de **mel**
½ colher (chá) de **sementes de gergelim**
1 **pimenta vermelha** picada

**Aqueça** a wok em fogo médio e torre as sementes de gergelim até dourarem. Reserve.

**Esquente** metade do óleo na wok em fogo alto, até ficar bem quente. Frite metade da carne de porco por 2 minutos, até dourar. Retire a carne com a escumadeira e reserve. Limpe a wok com papel-toalha, aqueça o óleo restante e frite a outra parte da carne da mesma maneira. Junte toda a carne na panela.

**Adicione** o brócolis, o cogumelo, o alho-poró e frite por 2 minutos. Junte o saquê, o molho de ostra, o vinagre, o açúcar e o mel. Cozinhe por mais 1 minuto. Retire do fogo, espalhe as sementes de gergelim e a pimenta por cima e sirva.

**Acompanhamento: arroz com cebolinha.** Aqueça 1 colher (sopa) de óleo de amendoim na wok em fogo alto. Junte 4 talos de cebolinha picada e mexa bem. Adicione 250 g de arroz cozido. Cozinhe até aquecer por completo. Finalize com ½ colher (chá) de óleo de gergelim e a mesma quantidade de shoyu. Mexa bem e sirva.

# costelas à chinesa

**4** porções
Preparo: **5 minutos**, mais o tempo da marinada
Cozimento: **50 minutos**

2 **dentes de alho** picados
2 colheres (chá) de **gengibre**
2 colheres (sopa) de **saquê culinário**
3 colheres (sopa) de **shoyu light**
½ colher (chá) de **sal**
½ colher (chá) de **cinco especiarias**
1 colher (sopa) de **açúcar demerara**
1 kg de **costelas de porco** cortadas em pedaços de 7 cm
2 colheres (sopa) de **óleo de amendoim**
100 ml de **água**
1 talo de **cebolinha** picado

**Coloque** o alho, o gengibre, o saquê, o shoyu, o sal, as cinco especiarias e o açúcar numa tigela e misture até obter uma pasta. Junte as costelas e misture bem. Cubra e deixe marinar por 1 hora ou durante toda a noite na geladeira.

**Aqueça** o óleo na wok em fogo alto, até ficar bem quente. Junte as costelas e frite por 4-5 minutos, até dourar. Coloque a água, cubra e deixe cozinhar em fogo baixo por 40-45 minutos, até corar. Decore com a cebolinha.

**Variação: costelas ao molho hoisin e pimenta.** Substitua a mistura de cinco especiarias por 3 colheres (sopa) de molho hoisin e 1 colher chá) de pimenta em pó. Repita a receita como descrito acima.

# aves e ovos

# frango com castanhas e pimentão

**4** porções
Preparo: **10 minutos**
Cozimento: **15 minutos**

2 colheres (sopa) de **óleo de amendoim**
625 g de filé de **peito de frango** em tiras
50 g de **castanhas de caju**
2 **pimentões vermelhos** sem sementes em pedaços
2 **dentes de alho** picados
6 talos de **cebolinha** picados
**sal** a gosto

**Molho**
1 colher (sopa) de **saquê culinário**
1 colher (chá) de **óleo de gergelim**
2 colheres (sopa) de **shoyu**
½ colher (chá) de **farinha de milho**
4 colheres (sopa) de **água**

**Misture** todos os ingredientes do molho e reserve.

**Aqueça** 1 colher (sopa) de óleo de amendoim na wok em fogo alto, até ficar bem quente. Tempere o frango com sal e frite metade por 2-3 minutos, até dourar. Retire a carne com a escumadeira e reserve. Aqueça o restante do óleo na wok e frite a outra metade da mesma maneira. Retire da panela e reserve.

**Frite** as castanhas de caju e os pimentões na wok por 1 minuto. Junte o alho e a cebolinha, mexendo sempre, por mais 1 minuto. Recoloque o frango na wok e acrescente o molho. Cozinhe por 3-4 minutos, até o pimentão ficar no ponto.

**Variação: frango com castanhas portuguesas.** Adicione 8 castanhas portuguesas cortadas ao meio quando for colocar os pimentões. Depois de 1 minuto, junte o alho e as cebolinhas. Cozinhe por 1 minuto, coloque o frango de novo e junte o molho, como na receita acima. Acrescente 75 g de brotos de feijão 1 minuto antes de desligar o fogo.

# frango ao limão

**4** porções
Preparo: **12 minutos**, mais o tempo da marinada
Cozimento: **8 minutos**

1 **ovo** levemente batido
2 **dentes de alho** em fatias
2 raspas de **limão-siciliano**
500 g de filé de **frango** em tiras
2 colheres (sopa) de **farinha de milho**
1 colher (sopa) de **óleo**
suco de 1 **limão-siciliano**
1 talo de **cebolinha** picada
fatias de **limão-siciliano** para decorar

**Misture** o ovo, o alho e as raspas de limão num prato raso. Coloque o frango, misture e deixe marinar por 10-15 minutos.

**Retire** as cascas de limão e passe o frango marinado na farinha de milho.

**Aqueça** o óleo na wok em fogo alto, até ficar bem quente. Coloque as tiras de frango uma por vez, com cuidado, para que não grudem umas nas outras. Frite por 2 minutos de cada lado.

**Reduza** o fogo para médio e frite por mais 1 minuto, até o frango dourar por igual. Aumente o fogo e adicione o suco de limão. Junte a cebolinha, decore com fatias de limão e sirva imediatamente.

**Variação: salada de frango ao limão.** Prepare o frango como acima e misture-o numa tigela com ½ pepino fatiado, um punhado de folhas de coentro, 6 folhas de manjericão picadas e 50 g de agrião. Tempere a salada com ½ colher (chá) de óleo de gergelim e 1 colher (chá) de azeite.

# frango com berinjela

**4** porções
Preparo: **25 minutos**
Cozimento: **25 minutos**

3 colheres (sopa) de **óleo vegetal**
2 colheres (sopa) de **pasta de curry vermelha** (ver ao lado)
300 g de filé de **frango** em tiras
raspas de 1 **limão**
4 colheres (sopa) de **molho de peixe**
600 ml de **água**
3 **berinjelas** pequenas cortadas em pedaços grandes
125 g de **brotos de bambu** em conserva
2 **pimentas verdes** sem semente, mais um pouco para decorar
folhas de **manjericão tailandês**

**Aqueça** o óleo na wok em fogo médio. Frite a pasta de curry por 1 minuto. Adicione o frango, as raspas de limão e o molho de peixe e cozinhe por 5 minutos.

**Coloque** a água na wok e espere ferver. Diminua o fogo e acrescente as berinjelas e os brotos. Misture bem e deixe reduzir por 10 minutos, mexendo ocasionalmente.

**Junte** as pimentas à panela. Decore com folhas de manjericão e pimenta verde em rodelas. Sirva com arroz, se desejar.

**Pasta de curry vermelha.** Bata os seguintes ingredientes no liquidificador ou processador: 6 pimentas vermelhas secas com sementes, 2 colheres (sopa) de capim-limão picado, 1 colher (sopa) de cebola roxa picada, 1 colher (sopa) de alho picado, 6 grãos de pimenta-branca. Junte ainda 1 colher (chá) dos seguintes ingredientes: coentro fresco picado, galangal ou gengibre, sementes de cominho, pasta de camarão e mais 2 colheres (chá) de sementes de coentro. Bata até obter uma pasta. Qualquer pasta de curry que sobre da receita pode ser mantida na geladeira por 3 semanas.

# frango à tailandesa

**4** porções
Preparo: **10 minutos**
Cozimento: **20 minutos**

2 colheres (sopa) de **óleo de amendoim**
2 colheres (sopa) de **pasta de curry verde** (p. 112)
625 g de **peito de frango** em pedaços
400 ml de **leite de coco**
1 colher (sopa) de **açúcar demerara**
2 talos de **capim-limão**
2,5 cm de **gengibre** em fatias
1½ colher (sopa) de **molho de peixe** (nam pla)
raspas de 1 **limão**
75 g de **ervilhas-tortas** cortadas na diagonal
125 g de **minimilhos** cortados no sentido do comprimento
um punhado de folhas de **coentro**
suco de 1 **limão**

**Aqueça** o óleo na wok em fogo médio. Adicione a pasta de curry e frite por 1 minuto. Coloque o frango e mexa bem. Junte o leite de coco, o açúcar, o capim-limão, o gengibre, o molho de peixe e as raspas de limão. Deixe ferver. Diminua o fogo e deixe reduzir por 10 minutos, até engrossar.

**Acrescente** a ervilha-torta e o minimilho e cozinhe por 5 minutos, até ficarem no ponto. Retire do fogo. Tire o gengibre e o talo de capim-limão da panela e descarte-os.

**Junte** o coentro, reservando um pouco para decorar, e o suco de limão. Deixe esfriar um pouco antes de servir. Decore com folhas de coentro e sirva com arroz, se desejar.

**Variação: legumes com pasta de curry.** Siga a primeira etapa da receita sem usar o frango. Aumente a quantidade de ervilha-torta para 200 g e junte também 200 g de cogumelos cortados ao meio e 75 g de ervilhas. Deixe reduzir por 3 minutos e adicione 125 g de brotos de feijão. Cozinhe por mais 2 minutos, retire o gengibre e o talo de capim-limão e finalize com suco de limão e coentro.

# frango kung po

**4** porções
Preparo: **12 minutos**
Cozimento: **7 minutos**

2 colheres (sopa) de **óleo de amendoim**
2-3 **pimentas vermelhas** sem sementes picadas
2 **dentes de alho** picados
400 g de filé de **peito de frango** em cubos
1 colher (chá) de **molho de pimenta**
50 g de **brotos de bambu** em conserva
50 g de **castanhas portuguesas** cozidas
1 colher (sopa) de **saquê culinário**
100 ml de **caldo de galinha** ou **água**
1 colher (chá) de **farinha de milho** misturada com 1 colher (sopa) de **água**
50 g de **amendoins** torrados
2 talos de **cebolinha** picados

**Aqueça** o óleo na wok em fogo alto até ficar bem quente. Adicione a pimenta e o alho e deixe fritar por alguns segundos.

**Coloque** o frango e o molho de pimenta e frite por mais alguns minutos. Adicione os brotos, as castanhas, o saquê e espere levantar fervura. Adicione a farinha com água aos poucos e mexa até o molho ficar transparente.

**Salpique** o amendoim e a cebolinha antes de servir.

**Acompanhamento: arroz com leite de coco.** Coloque 200 g de arroz jasmine numa panela com 50 ml de leite de coco. Complete com água até ficar 2,5 cm acima do arroz. Quando ferver, diminua o fogo, tampe e deixe cozinhar por mais 10 minutos. Desligue o fogo e deixe descansar por 10 minutos.

# frango com aspargos

**4** porções
Preparo: **10 minutos**
Cozimento: **12 minutos**

1 colher (chá) de **farinha de milho**
1 colher (chá) de **shoyu**
2 colheres (sopa) de **água**
1 colher (sopa) de **açúcar**
1 colher (sopa) de **vinagre**
3 colheres (sopa) de **óleo de amendoim**
625 g de filé de **frango** em tiras
1 colher (sopa) de **gengibre** picado
uma pitada de **pimenta** em flocos
1 **alho-poró** em rodelas
300 g de **aspargos** cortados ao meio nos dois sentidos
**sal** e **pimenta-branca** a gosto

**Misture** a farinha de milho e o shoyu até obter uma pasta. Junte a água, o açúcar e o vinagre. Mexa bem.

**Aqueça** metade do óleo na wok em fogo alto, até ficar bem quente. Junte o frango, tempere com sal e pimenta, e frite por 3-4 minutos, até dourar. Retire o frango com a escumadeira e reserve.

**Retorne** a panela ao fogo e adicione o óleo restante. Acrescente o gengibre, a pimenta, o alho-poró e refogue por 3-4 minutos em fogo médio, até ficarem macios. Adicione os aspargos e cozinhe por mais 1 minuto.

**Coloque** o frango de volta na wok e refogue por 1 minuto. Despeje a mistura de farinha de milho e cozinhe, mexendo sempre, até engrossar. Sirva com arroz, se desejar.

**Variação: carne com alho-poró e cenoura.** Substitua o frango por contrafilé em tiras e frite como acima. Use uma cenoura em fatias no lugar dos aspargos e frite junto com o gengibre, o alho-poró e a pimenta. Depois siga a receita.

# frango apimentado

**4** porções
Preparo: **7 minutos**
Cozimento: **8 minutos**

3 colheres (sopa) de **óleo vegetal**
3-4 **pimentas secas** vermelhas
2 **dentes de alho** em fatias
375 g de **peito de frango** em cubos
2 colheres (sopa) de **molho de peixe** (nam pla)
2 colheres (sopa) de **água**
2 colheres (chá) de **açúcar**
2 **pimentas vermelhas**
10 folhas de **manjericão**
raspas de 1 **limão**
125 g de **castanhas de caju** torradas

**Pasta de pimenta defumada**
3 colheres (sopa) de **óleo de amendoim**
1 **cebola roxa** picada
6-8 **pimentas secas** picadas
6 **dentes de alho** picados
2 colheres (sopa) de **molho de peixe**
1 colher (sopa) de **polpa de tamarindo**
2 colheres (sopa) de **açúcar mascavo**

**Faça** a pasta de pimenta. Aqueça o óleo e frite a cebola até ficar macia. Retire e reserve. Junte as pimentas e torre. Retire e reserve. Frite o alho até dourar e retire.

**Moa** metade da pimenta torrada num pilão. Junte a cebola e o alho frito e soque até obter uma pasta. Coloque na wok com o óleo restante e acrescente o molho de peixe, a polpa de tamarindo e o açúcar. Aqueça por 2-3 minutos, mexendo sempre. Retire do fogo.

**Aqueça** o óleo na wok em fogo alto, até ficar bem quente. Frite as pimentas secas até torrar. Retire com a escumadeira e reserve. Junte o alho à panela e frite até dourar.

**Frite** o frango rapidamente. Adicione as pimentas secas em pedaços, a pasta de pimenta, o molho de peixe, a água, o açúcar e 1 pimenta em rodelas. Frite em fogo alto.

**Adicione** as folhas de manjericão, as raspas de limão e as castanhas de caju e deixe mais 1 minuto. Decore com a outra pimenta em rodelas e folhas de manjericão.

**Variação: macarrão com carne e aspargos.** Substitua o frango por 300 g de contrafilé em tiras e acrescente 200 g de aspargos cortados no sentido do comprimento. Siga a receita como indicado. Adicione as castanhas, as ervas e 150 g de macarrão para yakissoba pronto.

# frango à cantonesa

**4** porções
Preparo: **5 minutos**, mais o tempo da marinada
Cozimento: **15 minutos**

1 **ovo**
½ colher (chá) de **sal**
3 colheres (sopa) de **farinha de milho**
5 colheres (sopa) de **saquê culinário**
625 g de **peito de frango** em cubos
**óleo de amendoim** para fritar
100 ml de **caldo de galinha**
suco de 1 **limão-siciliano**
1 colher (sopa) de **açúcar**
2 **dentes de alho**
1 colher (chá) de **óleo de gergelim**

**Para decorar**
1 **limão-siciliano** fatiado
1 talo de **cebolinha** em tiras

**Misture** o ovo, o sal, 2 colheres (sopa) de farinha de milho e 2 colheres (sopa) de saquê numa tigela. Acrescente o frango e deixe marinar por 30 minutos.

**Coloque** óleo suficiente para fritar o frango por imersão. Para testar a temperatura, coloque um pedaço de miolo de pão (deve dourar em menos de 20 segundos). Seque o frango com papel-toalha. Frite a metade por 2 minutos, até dourar. Retire com a escumadeira e escorra. Frite o restante da mesma forma.

**Coloque** o caldo de galinha na wok e leve ao fogo alto. Acrescente o suco de limão, o açúcar, o alho e o restante da farinha de milho e do saquê. Deixe ferver e adicione o frango frito. Cozinhe, mexendo, por 1-2 minutos. Acrescente o óleo de gergelim e cozinhe por mais 1 minuto. Decore com fatias de limão e cebolinha.

**Variação: frango com molho cítrico.** Não faça a marinada. Tempere o frango com sal e pimenta e frite em óleo de amendoim em duas etapas por 3 minutos. Coloque todo o frango de volta na wok. Adicione 150 g de ervilhas na vagem e frite por mais 1 minuto. Coloque o molho e cozinhe até engrossar.

# frango com legumes

**4** porções
Preparo: **20 minutos**
Cozimento: **10 minutos**

- 2 colheres (sopa) de **óleo vegetal**, mais um pouco para fritar
- 2 **cebolas roxas** picadas
- 2,5 cm de **gengibre** em tiras
- 2 **dentes de alho** amassados
- 4 filés de **frango** (75 g cada)
- 2 colheres (sopa) de **molho hoisin**
- 2 colheres (sopa) de **molho de ostra**
- 1 colher (sopa) de **shoyu light**
- 25 g de **cerejas** ou **uvas-passas**
- 4 talos de **cebolinha** fatiados diagonalmente
- 200 g de **legumes** como brotos de feijão, pimentão e cenoura em tiras
- folhas de **manjericão**
- 1 **pimenta vermelha** sem sementes fatiada

**Aqueça** o óleo em fogo alto, até ficar bem quente. Frite as cebolas, o gengibre e o alho por 30 segundos. Adicione o frango e refogue por mais 2 minutos, até dourar.

**Adicione** o molho hoisin, o molho de ostra, o shoyu e os damascos cortados. Frite por 2 minutos. Veja se o frango está cozido por inteiro. Junte as cebolinhas e os legumes e cozinhe por mais 3-4 minutos.

**Esquente** 1 cm de óleo na panela. Frite as folhas de manjericão e a pimenta vermelha em duas etapas por 10-30 segundos. Use-os para decorar.

**Variação: refogado de frango light.** Substitua o molho hoisin e o molho de ostra por 2 colheres (sopa) de shoyu misturadas com 2 colheres (sopa) de caldo de galinha e 2 colheres (sopa) de saquê culinário. Adicione ¼ de colher (chá) de farinha de milho junto com as frutas secas.

# omelete com cebolas ao molho de ostra

**2** porções
Preparo: **5 minutos**
Cozimento: **5 minutos**

4 **ovos** grandes
1 colher (chá) de **gengibre** picado
½ colher (chá) de **óleo de gergelim**
4 colheres (sopa) de **óleo de amendoim**
1 colher (sopa) de **molho de ostra**

**Para decorar**
2 talos de **cebolinha** em rodelas
1 **pimenta vermelha** picada

**Coloque** os ovos numa tigela e junte com o gengibre e o óleo de gergelim.

**Aqueça** bem metade do óleo de amendoim na wok em fogo alto, até ficar bem quente. Frite metade da mistura de ovos por 2 minutos, até a base ficar bem dourada e crocante.

**Retire** parte do óleo com cuidado e frite o restante da mistura de ovos. Frite as duas omeletes do outro lado por mais 1 minuto.

**Regue** as omeletes com molho de ostra e salpique cebolinha e pimenta por cima.

**Variação: omelete à chinesa.** Bata 6 ovos com gengibre e óleo de gergelim como descrito acima. Tempere com sal e adicione 75 g de brotos de feijão e 2 talos de cebolinha picados. Frite a omelete no óleo por 2 minutos de cada lado. Sirva com coentro fresco.

# frango com aspargos

**4** porções
Preparo: **20 minutos**
Cozimento: **15 minutos**

2 colheres (sopa) de **azeite**
2 **dentes de alho**
2 colheres (sopa) de **capim-limão** picado
2 colheres (chá) **gengibre** fresco
1 **cebola** em fatias
500 g de **peito de frango** em tiras
300 g de **tomate** picado
350 g de **aspargos** cortados ao meio nos dois sentidos
1 colher (sopa) de **shoyu**
½ colher (chá) de **pimenta-preta**
folhas de **manjericão**

**Aqueça** o azeite na wok em fogo alto, até ficar bem quente. Junte o alho, o capim-limão, o gengibre e a cebola. Frite por 5 minutos, mexendo sempre.

**Acrescente** o frango e frite por mais 5-7 minutos, até dourar por igual.

**Adicione** o tomate, os aspargos, o shoyu e a pimenta-preta e refogue por 2-3 minutos. Decore com folhas de manjericão.

**Variação: frango com capim-limão, cogumelos e brotos de feijão.** Substitua os aspargos por 200 g de cogumelos e 75 g de brotos de feijão. Coloque-os na wok na mesma etapa do tomate, do shoyu e da pimenta-preta.

# frango defumado com mostarda

**4** porções
Preparo: **10 minutos**
Cozimento: **20 minutos**

1 colher (sopa) de **mostarda amarela**
1 colher (sopa) de **azeite**
4 filés de **frango** (175 g cada)
150 g de **arroz** cru
75 g de folhas de **chá preto**
**sal** e **pimenta-preta** a gosto

**Molho verde**
**salsinha** fresca
**hortelã** fresca
**manjericão** fresco
1 colher (chá) de **alcaparras**
2 **anchovas** em conserva
1 **dente de alho** amassado
4 colheres (sopa) de **azeite**
1 colher (sopa) de **vinagre de vinho tinto**

**Misture** a mostarda e o azeite e tempere com sal e pimenta-preta. Besunte os filés de frango com essa pasta e reserve.

**Prepare** a wok para defumar forrando-a com papel--alumínio. Coloque o arroz e as folhas de chá misturados no fundo. Ponha uma grelha ou suporte adequado (p. 9-10) e leve a panela tampada ao fogo alto. Aqueça até a fumaça começar a sair pelas frestas.

**Tire** a tampa rapidamente e coloque os filés. Tampe de novo e cozinhe por 3 minutos. Reduza a temperatura para média e deixe por mais 10 minutos. Desligue o fogo e deixe descansar por 5 minutos, enquanto prepara o molho verde.

**Bata** todos os ingredientes do molho no processador. Passe para uma tigela e tempere a gosto com sal. Sirva o frango com o molho e legumes cozidos, se desejar.

**Variação: frango defumado com erva-doce, mel e limão.** Misture 2 colheres (sopa) de mel com sal e pimenta e passe nos filés de frango. Prepare a wok para defumar, como indicado acima, usando 10 saquinhos de chá de erva-doce (rasgue os saquinhos e retire o chá) no lugar do chá preto, e a casca de 2 limões.

# pato à oriental

**4** porções
Preparo: **20 minutos**
Cozimento: **1h10**

2 kg de **pato** para assar
1,2 litro de **água**
3 colheres (sopa) de **shoyu**
1 **abacaxi** bem maduro
2 colheres (chá) de **óleo de gergelim**
2 **pimentas verdes** sem sementes e em rodelas
1 **dente de alho** amassado
250 g de **castanhas portuguesas** cozidas e fatiadas
um maço de **cebolinhas** fatiadas

**Corte** a carne ao meio com uma faca ou tesoura para trinchar. Coloque as duas metades na wok com a água e 1 colher (sopa) de shoyu. Tampe e ferva. Reduza o fogo e cozinhe por 1 hora.

**Corte** o abacaxi ao meio, no sentido do comprimento. Retire o miolo e corte cada uma das metades em fatias. Reserve o líquido que sair.

**Tire** a carne da wok com cuidado e reserve. Descarte a água e limpe a panela com papel-toalha. Quando a carne estiver fria o suficiente para ser manuseada, tire todos os ossos e corte em pedaços.

**Aqueça** o óleo de gergelim na wok em fogo alto, até ficar bem quente. Junte as pimentas, o alho e a carne e deixe dourar. Adicione as castanhas e o abacaxi e frite por mais 1-2 minutos. Acrescente o shoyu restante e o sumo reservado do abacaxi. Finalize com a cebolinha, cozinhe por mais 1 minuto e sirva.

**Variação: pato ao molho de laranja.** Cozinhe o pato cortado ao meio em 1 litro de água e 200 ml de shoyu, 2 anises-estrelados, 1 pau de canela, 5 cravos e raspas de 1 laranja. Conclua a receita como indicado acima, substituindo o abacaxi por uma laranja em gomos.

# pato à tailandesa

**4** porções
Preparo: **10 minutos**
Cozimento: **8 minutos**

2 colheres (sopa) de **óleo de amendoim**
1 ½ colher (sopa) **pasta de curry vermelha** (p. 80)
200 g de **peito de pato** em tiras
1 ½ colher (sopa) de **molho de peixe** (nam pla)
200 ml de caldo de **galinha**
½ colher (chá) de **açúcar demerara**
75 g de **ervilha fresca**
50 g de **vagem**
4 **minimilhos** cortados ao meio nos dois sentidos
2,5 cm de **gengibre** em fatias
raspas de 1 ½ **limão**
**manjericão tailandês**
2 colheres (sopa) de **pimenta verde** fresca em grãos

**Aqueça** o óleo na wok em fogo alto, até ficar bem quente. Junte a pasta de curry e frite por alguns segundos, até soltar o aroma. Adicione o pato e o molho de peixe e mexa para distribuir bem o tempero.

**Coloque** o caldo de galinha e espere ferver. Junte o açúcar, a ervilha, a vagem, os minimilhos, o gengibre, as raspas de limão, o manjericão e a pimenta verde. Deixe ferver por 3-4 minutos, até que os legumes fiquem macios.

**Variação: carne com molho de coco.** Substitua a carne de pato por 200 g de contrafilé em tiras, e o caldo de galinha por 200 ml de leite de coco. Junte 200 g de cenoura em tiras no lugar da ervilha fresca e dos minimilhos.

# salada de carne de pato

**4** porções
Preparo: **10 minutos**
Cozimento: **10 minutos**

3 colheres (sopa) de **óleo de amendoim**
500 g de filé de **peito de pato** em tiras
1 **cenoura**
1 pedaço de 10 cm de **pepino**
150 g de **alface-americana** em tiras
1 talo de **aipo** picado
4 talos de **cebolinha** fatiados
um punhado de **hortelã**
**sal** e **pimenta-preta** a gosto

**Molho**
3 colheres (sopa) de **azeite**
2 colheres (sopa) de **vinagre**
2 colheres (sopa) de **shoyu light**
2 colheres (chá) de **açúcar mascavo**

**Aqueça** metade do óleo na wok em fogo alto, até ficar bem quente. Coloque a metade da carne, tempere com sal e pimenta e frite por 2 minutos, até dourar, mas ainda ligeiramente cru no centro. Retire com a escumadeira, limpe a wok com papel-toalha, aqueça a outra parte do óleo e frite a carne restante.

**Coloque** as tiras de pato numa tigela com os ingredientes do molho. Deixe marinar enquanto prepara o restante da salada.

**Use** um descascador de legumes para cortar a cenoura em fatias bem finas. Corte o pepino no sentido de comprimento, retire as sementes com uma colher e fatie. Coloque numa tigela e junte a alface, o aipo, a cebolinha e a hortelã.

**Deixe** o pato esfriar, mexa bem e junte à tigela com a salada. Misture e sirva.

**Variação: salada crocante de vieiras.** Aqueça 2 colheres (sopa) de óleo de amendoim e frite 12 vieiras por 4 minutos, até dourarem, mas ficarem levemente cruas no centro. Junte ao molho, como acima, e, após esfriar, coloque na salada.

# pato ao molho hoisin

**4** porções
Preparo: **15 minutos**, mais o tempo da marinada
Cozimento: **8 minutos**

500 g de **peito de pato** em tiras
2 **dentes de alho** em fatias
3 colheres (sopa) de **molho hoisin**
1 ½ colher (sopa) de **vinagre**
1 colher (sopa) de **saquê culinário**
1 colher (sopa) de **shoyu light**
1 colher (chá) de **açúcar**
1 **pimenta vermelha** sem sementes picada
1 colher (chá) de **cinco especiarias**
½ colher (chá) de **sal**
2 colheres (sopa) de **óleo de amendoim**

**Para decorar**
3 talos de **cebolinha** em tiras
um pedaço de 5 cm de **pepino** em tiras

**Coloque** a carne numa tigela com o alho, o molho hoisin, o vinagre, o saquê, o shoyu, o açúcar, a pimenta, as cinco especiarias e o sal. Misture bem e deixe marinar por 30 minutos.

**Aqueça** metade do óleo na wok em fogo alto, até ficar bem quente. Frite metade da carne por 3 minutos, até dourar mas ainda ficar um pouco crua no centro. Retire com a escumadeira. Limpe a wok com papel-toalha, aqueça o restante do óleo e frite a outra parte da carne.

**Sirva** a carne de pato com as tiras de cebolinha e de pepino por cima.

**Variação: pato ao molho hoisin com legumes.** Aqueça 1 colher (sopa) de óleo de amendoim na wok e frite 250 g de brócolis e 250 g de cenouras fatiadas por 2-3 minutos. Retire os legumes e cozinhe o pato como indicado acima. Recoloque os legumes na panela e frite por mais 1 minuto. Sirva com cebolinhas, sem usar os pepinos.

# frango ao gengibre e mel

**4** porções
Preparo: **15 minutos**
Cozimento: **10-15 minutos**

2 colheres (sopa) de **óleo vegetal**
3 filés de **peito de frango** em cubos
3 **fígados de frango** picados
1 **cebola** em rodelas
3 **dentes de alho** picados
2 colheres (sopa) de **cogumelos secos** (deixados em água quente por 20 minutos)
2 colheres (sopa) de **shoyu light**
1 colher (sopa) de **mel**
50 g de **gengibre** picado
5 talos de **cebolinha** picados
1 **pimenta vermelha** sem sementes e cortada em tiras para decorar

**Aqueça** o óleo na wok em fogo médio e adicione os pedaços de frango e os fígados. Frite por 5 minutos e retire com a escumadeira.

**Adicione** a cebola à panela e frite em fogo médio até amaciar. Retire metade e reserve. Junte o alho e os cogumelos e frite por 1 minuto. Recoloque o frango na panela.

**Misture** o shoyu e o mel numa tigela, acrescente ao frango e mexa bem. Junte o gengibre e frite por 2-3 minutos. Para finalizar, coloque as cebolinhas. Decore com as cebolas reservadas e a pimenta em tiras. Sirva imediatamente acompanhado de macarrão, se desejar.

**Variação: pato ao gengibre e mel.** Substitua os peitos de frango por 4 filés de peito de pato e não use o fígado de galinha. Continue como na receita acima, adicionando ½ maço de acelga à wok junto com o gengibre.

# frango com pimentões

**4** porções
Preparo: **10 minutos**, mais o tempo da marinada
Cozimento: **10 minutos**

500 g de **peito de frango** em tiras
suco de 1 **limão**
½ colher (sopa) de **óleo de gergelim**
3 colheres (sopa) de **sementes de gergelim**
3 colheres (sopa) de **óleo de amendoim**
1 **pimentão vermelho** sem sementes em tiras
1 **pimentão amarelo** sem sementes em tiras
2 maços de **couve-chinesa** (ou **acelga**)
½ colher (sopa) de **shoyu light**
1 colher (sopa) de **molho de pimenta**
**sal** a gosto

**Coloque** o frango para marinar no suco de limão com o óleo de gergelim por 30 minutos. Seque com papel-toalha e tempere com sal. Coloque as sementes de gergelim num prato e passe as tiras de frango para cobri-las.

**Aqueça** metade do óleo na wok em fogo alto, até ficar bem quente. Frite o frango por 2-3 minutos, até dourar. Passe para um prato.

**Limpe** a wok com papel-toalha e recoloque no fogo. Acrescente o óleo restante, adicione os pimentões e a acelga e frite por 2 minutos. Acrescente o shoyu e o molho de pimenta e cozinhe por mais 1 minuto. Recoloque o frango na panela e frite por mais 1-2 minutos.

**Variação: carne de porco ao molho satay.** Coloque 4 colheres (sopa) de manteiga de amendoim com a mesma quantidade de leite de coco para ferver junto com 1 pimenta vermelha sem sementes e 1 colher (sopa) de molho de peixe. Deixe ferver por 2-3 minutos. Use 500 g de lombo de porco cortado em tiras no lugar do frango e frite por 4-5 minutos. Sirva com o molho já frio.

# ensopado de frango tailandês

**4** porções
Preparo: **25 minutos**
Cozimento: **25 minutos**

- 2 colheres (sopa) de **óleo de amendoim**
- 2,5 cm de **gengibre** picado
- 2 **cebolas roxas**
- 4 colheres (sopa) de **pasta de curry verde** (ver receita ao lado)
- 625 g de **sobrecoxas de frango** em pedaços
- 300 ml de **leite de coco**
- 4 colheres (sopa) de **molho de peixe** (nam pla)
- 1 colher (chá) de **açúcar mascavo**
- raspas de 1 **limão**
- 1 **pimenta verde** sem sementes em rodelas
- **sal** e **pimenta-preta** a gosto
- **alho** frito para decorar

**Aqueça** o óleo na wok em fogo baixo. Frite o gengibre e a cebola por 3 minutos, até amolecerem. Junte a pasta de curry e refogue por mais 2 minutos.

**Adicione** o frango à wok e misture bem para que o tempero cubra toda a carne. Frite por 3 minutos, acrescente o leite de coco e ferva. Diminua o fogo e deixe reduzir por 10 minutos, até o frango cozinhar e o molho engrossar.

**Junte** o molho de peixe, o açúcar, as raspas de limão e a pimenta. Cozinhe por mais 5 minutos e tempere com sal e pimenta. Decore com alho frito e sirva com macarrão de arroz, se desejar.

**Pasta de curry verde.** Coloque 15 pimentas verdes pequenas, 4 dentes de alho cortados ao meio, 2 talos de capim-limão, raspas de ½ limão, 2 cebolas roxas picadas, 50 g de coentro, 2,5 cm de gengibre picado, 2 colheres (chá) de sementes de coentro, 1 colher (chá) de pimenta-preta em grãos, 1 colher (chá) de raspas de limão, ½ colher (chá) de sal e 2 colheres (sopa) de óleo de amendoim no processador ou liquidificador e bata até obter uma pasta. Conserva-se na geladeira por até 3 semanas.

# asas de frango apimentadas

**4** porções
Preparo: **5 minutos**
Cozimento: **18 minutos**

125 g de **farinha de trigo**
1 colher (sopa) de **pimenta vermelha** em pó
½ colher (chá) de **sal**
12 asas de **frango**
**óleo vegetal** para fritar
1 **pimenta vermelha** em rodelas
3 talos de **cebolinha** picados
1 colher (sopa) de **gengibre** picado
**limão** em gomos para servir

**Misture** a farinha, a pimenta em pó e o sal numa tigela grande. Passe as asas na mistura.

**Coloque** óleo suficiente na wok para fritar por imersão. Para testar a temperatura, jogue um pedaço de miolo de pão: se ele dourar em 20 segundos, comece a fritar. Frite metade das asas por 6-7 minutos, ou até dourarem. Retire com a escumadeira e seque em papel-toalha. Frite o restante da mesma maneira.

**Adicione** a pimenta em rodelas, as cebolinhas e o gengibre e frite até dourar. Retire do óleo e seque em papel-toalha.

**Coloque** as asas numa travessa, com os temperos fritos por cima, e sirva com gomos de limão.

**Acompanhamento: molho picante.** Pique 3 fatias grossas de pepino e coloque numa tigela com 1 colher (sopa) de coentro picado, raspas de 1 limão, 1 colher (chá) de manjericão picado e 5 colheres (sopa) de molho de pimenta. Mexa e sirva.

# frango bambu

**4** porções
Preparo: **10 minutos**
Cozimento: **15 minutos**

250 ml de **caldo de galinha**
400 g de **peito de frango** em cubos
2 colheres (sopa) de **saquê culinário**
200 g de **cenoura** em rodelas
200 g de **brotos de bambu**
1 colher (chá) de **farinha de milho** misturada com 2 colheres (sopa) de **água**
125 g de **castanha de caju**
1 talo de **cebolinha** picada

**Aqueça** o caldo de galinha na wok. Coloque os cubos de frango e espere ferver. Abaixe o fogo e deixe cozinhar, mexendo ocasionalmente, por 5 minutos. Retire o frango e reserve.

**Adicione** o saquê e cozinhe por 1 minuto. Junte as cenouras e o brotos de bambu e cozinhe por mais 2 minutos.

**Recoloque** o frango na panela, espere o molho ferver e junte a pasta de farinha de milho. Deixe engrossar e finalize com as castanhas e a cebolinha.

**Variação: frango com amendoim.** Cozinhe o frango como acima. Substitua o molho de feijão por ½ colher (sopa) de pasta de curry vermelha ou verde (ver pp. 80 e 112) e cozinhe por 2 minutos. Junte a cenoura e 200 g de brócolis no lugar dos brotos de bambu. Continue a receita como indicado acima e finalize com 125 g de amendoins torrados picados em vez das castanhas, e 2 cebolinhas picadas.

# fígado de frango com vagens

**4** porções (entrada)
Preparo: **15 minutos**
Cozimento: **8 minutos**

500 g de **fígado de frango**
5 colheres (sopa) de **óleo de amendoim**
3 **cebolas roxas** em rodelas
½ colher (chá) de **gengibre** picado
2 **dentes de alho** picados
1 **pimenta verde** em rodelas
75 g de **vagem**
½ colher (chá) de **açúcar**
1 colher (sopa) de **vinagre**
1 colher (sopa) de **saquê culinário**
2 colheres (sopa) de **molho de ostra**
dois punhados de **alface-americana** em tiras
**sal** e **pimenta-preta**
**pimenta em flocos** para servir

**Retire** as membranas do fígado e passe papel-toalha para secá-lo. Tempere com sal e pimenta.

**Aqueça** o óleo na wok em fogo alto, até ficar bem quente. Frite as cebolas e mexa bem. Adicione o gengibre, o alho e a pimenta, e refogue até ficarem crocantes. Retire com a escumadeira e escorra em papel-toalha.

**Acrescente** metade da porção do fígado de frango e frite por 1 minuto de cada lado, até dourar. Reserve e frite a outra metade da mesma maneira, usando mais óleo, se necessário.

**Coloque** todo o fígado na panela, adicione as vagens e frite por 1 minuto. Junte os ingredientes restantes, exceto a alface, e mexa bem, para cobrir tudo com o molho.

**Disponha** uma porção de fígado em cada prato com um pouco de alface. Sirva com a pimenta em flocos.

**Variação: salada de fígado de frango.** Cozinhe o fígado como indicado acima e coloque numa tigela com 75 g de agrião, 10 rodelas de pepino e 1 colher (sopa) de sementes de gergelim torradas. Sirva como entrada ou almoço leve.

# codorna aos cinco temperos

**4** porções
Preparo: **10 minutos**
Cozimento: **15 minutos**

4 **codornas** (125 g cada uma)
1 colher (sopa) de **cinco especiarias**
½ colher (chá) de **sal**
4 colheres (sopa) de **farinha de trigo**
2 colheres (sopa) de **farinha de milho**
**óleo vegetal** para fritar
2 **dentes de alho** picados
1 colher (chá) de **gengibre** picado
3 colheres (sopa) de **shoyu**
3 colheres (sopa) de **suco de laranja**
2 colheres (sopa) de **saquê culinário**
4 colheres (sopa) de **água**
1 colher (sopa) de **açúcar**
suco de 1 **limão**

**Para decorar**
3 talos de **cebolinha** picados
raspas de 1 **laranja**
**limão** em gomos

**Corte** cada codorna em 4 pedaços. Seque em papel--toalha. Misture as cinco especiarias, o sal, as farinhas de trigo e de milho numa tigela e misture. Empane as codornas.

**Coloque** na wok óleo suficiente para fritar. Para testar a temperatura, jogue um pedaço de miolo de pão: se dourar em 20 segundos, comece a fritar. Frite metade dos pedaços de codorna por 4-5 minutos, até dourarem e ficarem crocantes. Retire da panela, seque em papel-toalha e frite a outra metade da carne da mesma maneira.

**Escorra** o óleo, deixando 1 colher (sopa). Volte a panela ao fogo, ponha o alho e o gengibre e frite bem. Adicione o shoyu, o suco de laranja, o saquê e a água. Coloque o açúcar e, quando dissolver, junte as codornas. Mexa bem. Retire da panela e regue com suco de limão. Decore com a cebolinha e as raspas e gomos de limão.

**Acompanhamento: salada de erva-doce, laranja e rabanete.** Use um descascador de legumes para fatiar 1 talo de erva-doce. Coloque numa tigela com 1 laranja em gomos, 4 rabanetes em rodelas, ¼ de colher (chá) de óleo de gergelim, 1 colher (chá) de azeite e uma pitada de sal. Regue com suco de limão.

# peixes e frutos do mar

# robalo ao molho cítrico

**4** porções
Preparo: **15 minutos**
Cozimento: **20 minutos**

1 **robalo** de 800-900 g limpo
50 ml de **caldo de galinha** ou **água**
50 ml de **saquê culinário**
raspas de 1 **laranja pequena**
2,5 cm de **gengibre** em tiras
1 colher (chá) de **açúcar**
3 colheres (sopa) de **shoyu light**
½ colher sopa de **óleo de gergelim**
3 talos de **cebolinha** em tiras
1 **dente de alho** fatiado
1 colher (sopa) de **óleo de amendoim**

**Faça** 3 cortes diagonais na superfície do peixe, dos dois lados. Corte de novo na direção oposta, formando losangos.

**Corte** dois pedaços de papel-alumínio (cerca de uma vez e meia o comprimento de peixe). Coloque o peixe no centro da dupla camada de papel-alumínio e levante as bordas, sem fechar. Junte o caldo de galinha, o saquê, as raspas de laranja e metade do gengibre.

**Coloque** uma grelha circular ou outro suporte na wok e encha de água de modo que fique um pouco abaixo da grelha. Tampe, leve ao fogo alto e espere ferver. Com cuidado, coloque o peixe em cima da grelha (sem fechar o papel). Tampe e deixe cozinhar por 15-18 minutos, até a carne ficar bem opaca. Com cuidado, tire da wok, retire o papel-alumínio e coloque numa travessa.

**Junte** numa tigela o açúcar, o shoyu, o óleo de gergelim, a cebolinha, o alho e o gengibre restante. Mexa e despeje por cima do peixe já assado.

**Aqueça** o óleo de amendoim na wok em fogo alto. Jogue o óleo por cima do peixe. Isso fará com que a cebolinha e o gengibre fiquem crocantes e soltem mais aroma e sabor. Sirva imediatamente.

**Variação: vermelho com cogumelos e tomates.** Coloque o peixe no papel-alumínio como descrito acima e tempere com sal e pimenta. Espalhe por cima 2 colheres (sopa) de azeite, 100 ml de vinho branco seco, 75 g de shitake em tiras e 6 tomates-cereja cortados ao meio. Cozinhe no vapor como indicado.

# vieiras ao limão e gengibre

**3-4** porções
Preparo: **10 minutos**
Cozimento: **10 minutos**

15 g de **manteiga**
2 colheres (sopa) de **óleo vegetal**
8 **vieiras** em fatias
½ maço de **cebolinha** picado
½ colher (chá) de **cúrcuma**
3 colheres (sopa) de suco de **limão**
2 colheres (sopa) de **saquê culinário**
2 pedaços de **gengibre** em conserva picados
**sal** e **pimenta** a gosto

**Aqueça** a wok em fogo médio/baixo. Ponha a manteiga e 1 colher (sopa) de óleo e espere derreter. Junte as vieiras e frite por 3 minutos. Retire e coloque num prato.

**Coloque** a wok em fogo médio, adicione o óleo restante e espere aquecer. Acrescente as cebolinhas e a cúrcuma e frite por alguns segundos. Junte o suco de limão e o saquê e espere ferver. Adicione o gengibre.

**Recoloque** as vieiras na panela e mexa até elas reaquecerem. Tempere com sal e pimenta a gosto e sirva imediatamente.

**Acompanhamento: salada de cenoura e erva-doce.** Com um descascador de legumes, fatie 1 talo de erva-doce e 2 cenouras. Coloque numa tigela com um punhado de coentro, o suco de 1 limão e ½ colher (chá) de óleo de gergelim.

# badejo agridoce com camarão

**4** porções
Preparo: **10 minutos**
Cozimento: **7 minutos**

300 g de **badejo** em cubos
200 g de **camarões** graúdos
2 colheres (sopa) de **óleo de amendoim**
200 g de **cenoura** em tiras
200 g de **ervilhas** na vagem
4 talos de **cebolinha** picados
1 colher (sopa) de **gengibre** picado
**sal** e **pimenta** a gosto

**Molho agridoce**
150 ml de **caldo de peixe** ou de **legumes**
2½ colheres (sopa) de **shoyu light**
2 colheres (chá) de **purê de tomate**
1 colher (sopa) de **vinagre de maçã**
2 colheres (chá) de **açúcar**
2 colheres (chá) de **farinha de milho**
½ colher (chá) de **sal**

**Misture** todos os ingredientes do molho. Tempere o peixe e os camarões com sal e pimenta.

**Aqueça** o óleo na wok em fogo alto, até ficar bem quente. Junte o peixe e os camarões e frite por 2 minutos, virando o peixe com cuidado para não desmanchar. Adicione a cenoura, as ervilhas, a cebolinha e o gengibre.

**Frite** por 30 segundos, junte o molho e deixe ferver. Abaixe o fogo e cozinhe por 2-3 minutos, até os legumes ficarem macios e o peixe cozinhar. Sirva imediatamente.

**Variação: cação aromático com camarão.** Cozinhe o peixe como indicado acima, até o ponto de acrescentar o molho, que não deve ser usado. Frite por mais 2 minutos. Retire do fogo e junte coentro e hortelã picados e o suco de 1 limão.

# frutos do mar com legumes

**4** porções
Preparo: **18 minutos**
Cozimento: **10 minutos**

250 g de **mexilhões**
250 g de **castanhas portuguesas** cozidas e fatiadas
1 colher (sopa) de **açúcar**
½ colher (chá) de **pimenta--preta**
2 colheres (sopa) de **óleo vegetal**
1 **cebola** em rodelas
125 g de **camarões** graúdos
4 talos de **cebolinha** picados
½ colher (chá) de **pimenta em flocos**, mais um pouco para decorar
125 g de **ervilhas na vagem**
125 g de **brotos de feijão**
3 colheres (sopa) de **shoyu light**
2 colheres (sopa) de **saquê culinário**
**salsinha** para decorar

**Limpe** bem os mexilhões com uma escovinha. Descarte os que estiverem abertos e não fecharem quando pressionados.

**Salpique** as castanhas com o açúcar e a pimenta--preta e reserve.

**Aqueça** o óleo na wok em fogo alto, até ficar bem quente. Refogue as cebolas e os mexilhões por 1 minuto. Tampe e cozinhe por mais 3-4 minutos, até os mexilhões abrirem. Descarte os que ficarem fechados e reserve o líquido do cozimento.

**Adicione** as castanhas, os camarões, a cebolinha, a pimenta em flocos, as ervilhas e os brotos de feijão. Frite por 1-2 minutos, até os legumes ficarem macios e os camarões cozidos.

**Misture** o shoyu, o líquido dos mexilhões reservado e o saquê e despeje na panela. Frite por mais 1-2 minutos. Decore com pimenta em flocos e salsinha. Sirva com arroz, se desejar.

**Variação: refogado rápido de frutos do mar.** Substitua os mexilhões por camarões graúdos e 250 g de frutos do mar mistos. Cozinhe a cebola como indicado acima e junte os frutos do mar no mesmo momento de adicionar o molho. Prossiga como na receita acima.

# vôngoles com manjericão

**4** porções
Preparo: **10 minutos**, mais o tempo da demolha
Cozimento: **6 minutos**

500 g de **vôngoles**
2 colheres (sopa) de **óleo de amendoim**
2 **dentes de alho** picados
1 colher (sopa) de **gengibre** picado
2 colheres (sopa) de **molho de peixe** (nam pla)
1 colher (sopa) de **óleo de pimenta**
½ colher (chá) de **açúcar demerara**
2 **pimentas vermelhas** sem sementes picadas
folhas de **manjericão**

**Lave** os vôngoles em água fria. Descarte os que estiverem quebrados ou continuarem abertos se pressionados. Deixe de molho em água por 30 minutos. Escorra e lave novamente em água corrente. Coloque numa tigela, cubra com uma toalha úmida e mantenha na geladeira.

**Esquente** bem o óleo na wok. Frite o alho e o gengibre por alguns segundos. Tire os vôngoles da geladeira e coloque na panela. Acrescente os outros ingredientes, deixando 1 pimenta picada para decorar. Cozinhe, mexendo sempre, por 4-5 minutos, até os vôngoles abrirem. Sirva imediatamente e descarte as conchas que não abrirem. Decore com a pimenta.

**Variação: harussame com frutos do mar**. Frite 500 g de camarões graúdos com 1 colher (sopa) de óleo de amendoim por 2 minutos. Adicione 300 g de anéis de lula e frite por mais 1 minuto. Retire da panela com a escumadeira e siga a receita acima. Quando os vôngoles estiverem cozidos, coloque os camarões e as lulas de novo na panela, adicione 300 g de macarrão de arroz (tipo harussame) e mexa bem. Sirva bem quente com gomos de limão.

# macarrão com frutos do mar

**4-6** porções
Preparo: **5 minutos**
Cozimento: **20 minutos**

1 colher (sopa) de **azeite**
2 **dentes de alho** picados
1 colher (sopa) de **gengibre** picado
1 colher (sopa) de **molho de pimenta**
2 colheres (chá) de **shoyu**
1 colher (chá) de **pimenta-branca**
2 litros de **caldo de peixe** ou de **legumes**
225 g de **couve-chinesa** ou **acelga** em tiras
175 g de **macarrão harussame** (transparente)
125 g de **camarões graúdos**
125 g de **vieiras**
125 g de **anéis de lula**
1 colher (sopa) de folhas de **coentro** para decorar

**Aqueça** o azeite na wok em fogo alto, até ficar bem quente. Frite o alho e o gengibre por alguns segundos.

**Junte** o molho de pimenta, o shoyu, a pimenta-branca, o caldo de peixe e espere ferver. Acrescente a couve-chinesa, diminua o fogo para médio e deixe reduzir por 10 minutos.

**Adicione** o macarrão, tampe e cozinhe por mais 5 minutos. Junte os camarões, as vieiras e as lulas. Mexa e ferva por mais 1 minuto. Sirva num prato fundo decorado com folhas de coentro.

**Variação: salada de macarrão.** Faça o macarrão como indicado na embalagem e passe-o em água corrente fria. Frite o alho e o gengibre como indicado acima, adicione o molho de pimenta, o shoyu, a pimenta e 2 colheres (sopa) de caldo ou água. Não use a couve-chinesa e adicione os frutos do mar. Frite por 3 minutos e misture o macarrão com uma porção de coentro.

# lula empanada

**4** porções
Preparo: **10 minutos**
Cozimento: **6 minutos**

1 colher (chá) de **pimenta--chinesa**
1 colher (chá) de **sal grosso**
1 ½ colher (sopa) de **farinha de trigo**
1 ½ colher (sopa) de **farinha de milho**
1 colher (chá) de **pimenta vermelha** em pó
625 g de **lula** em anéis
**óleo vegetal** para fritar
1 **pimenta vermelha** em rodelas
3 talos de **cebolinha** picados
folhas de **coentro** para decorar

**Coloque** a pimenta-chinesa na wok bem quente, em fogo médio, e agite a panela. Espere estourar e começar a soltar o aroma. Passe para um pilão e junte o sal. Soque bem, até moer tudo.

**Misture** a pimenta e o sal numa tigela com as farinhas de trigo e de milho e a pimenta vermelha em pó. Empane os anéis de lula nessa mistura.

**Coloque** óleo suficiente na wok para fritar por imersão. Para testar a temperatura, jogue um pedaço de miolo de pão: ele deve dourar em 20 segundos. Frite metade dos anéis de lula por 1 minuto, ou até dourarem. Retire com a escumadeira e seque em papel-toalha. Frite o restante da mesma maneira.

**Ponha** a pimenta e as cebolinhas na escumadeira e, com cuidado, mergulhe no óleo quente por alguns segundos para que fiquem crocantes. Sirva por cima da lula e decore com coentro.

**Acompanhamento: salada de pepino, agrião e brotos de feijão.** Descasque ½ pepino, corte no sentido do comprimento e retire as sementes. Corte em fatias finas. Coloque numa tigela com 50 g de agrião, 1 colher (sopa) de shoyu light, 1 colher (sopa) de óleo de gergelim, uma pitada de açúcar e uma de sal.

# vieiras ao molho sichuan

**4** porções
Preparo: **10 minutos**
Cozimento: **5 minutos**

2 colheres (sopa) de **óleo de amendoim**
1 colher (sopa) de **gengibre** picado
2 **dentes de alho** picados
3 talos de **cebolinha** picados
12 **vieiras**
150 g de **cenoura** em tiras
1 talo de **aipo** em tiras
1 colher (chá) de **óleo de gergelim**
folhas de **coentro** para decorar

**Molho sichuan**
1 colher (sopa) de **shoyu light**
1 colher (sopa) de **purê de tomate**
1 colher (sopa) de **saquê culinário**
1 colher (sopa) de **molho de pimenta**
1 colher (chá) de **sal**
¼ de colher (chá) de **pimenta-preta**

**Misture** todos os ingredientes do molho numa tigela e reserve.

**Aqueça** o óleo na wok em fogo alto, até ficar bem quente. Refogue o gengibre, o alho e a cebolinha por alguns segundos antes de adicionar as vieiras. Frite por 1 minuto até começarem a dourar. Junte a cenoura, o aipo e o molho.

**Cozinhe** por mais 2 minutos, até os legumes ficarem macios e cobertos pelo molho. Adicione o óleo de gergelim e cozinhe por mais 30 segundos. Retire do fogo e decore com as folhas de coentro.

**Variação: costela com molho sichuan.** Faça o molho como indicado. Separe 1 kg de costelas de porco em pedaços de 7 cm e deixe-as marinar no molho por 1 hora ou durante toda a noite. Aqueça 2 colheres (sopa) de óleo de amendoim e frite as costelas por 4-5 minutos, até dourarem. Junte 100 ml de água, tampe e ferva por 40-45 minutos em fogo baixo. Decore com cebolinha picada.

# lula com ervilha-torta

**2** porções
Preparo: **12 minutos**
Cozimento: **8 minutos**

250 g de **lula**
1 colher (sopa) de **azeite**
2 colheres (chá) de **pimenta-chinesa** amassada
1 **pimenta verde** sem sementes picada
2 **dentes de alho** amassados
1 **cebola** pequena picada
250 g de **ervilha-torta**
2 colheres (chá) de **shoyu**
1 colher (sopa) de **saquê culinário**

**Corte** a lula em fatias grossas e use uma faca afiada para marcar a superfície em losangos (isso as faz enrolar quando fritas, retendo o molho).

**Aqueça** o azeite na wok em fogo alto, até ficar bem quente. Reduza o fogo para médio e frite a pimenta-chinesa, a pimenta verde, o alho e a cebola por 3-4 minutos.

**Aumente** o fogo, junte a lula e refogue por mais 1 minuto, mexendo sempre. Retire a lula da panela.

**Coloque** as ervilhas e frite por 1 minuto. Recoloque a lula na wok, adicione o shoyu, o saquê e refogue por alguns segundos. Sirva imediatamente.

**Variação: lula com ervilha-torta e tomate.** Prepare a lula como indicado. Junte 125 g de ervilhas e frite por mais 30 segundos. Adicione ½ colher (sopa) de purê de tomate misturado com o saquê culinário, o shoyu e ½ pimenta vermelha em rodelas. Frite por mais 30 segundos e sirva.

# salmão defumado

**4** porções

Preparo: **10 minutos**, mais o tempo da marinada

Cozimento: **15 minutos**

4 filés de **salmão** sem pele (125 g cada um)

125 g de **açúcar demerara**

3 colheres (sopa) de **azeite extravirgem**

3 colheres (sopa) de **sal grosso**

150 g de **arroz** cru

50 g de folhas de **chá verde**

1 **limão-siciliano** em gomos para servir

**Molho**

suco de ½ **limão-siciliano**

1 colher (sopa) de **salsinha** picada

4 colheres (sopa) de **maionese**

**sal** e **pimenta** a gosto

**Coloque** os filés num prato e lambuze-os com o açúcar, o azeite e o sal. Cubra e leve à geladeira por 1 hora. Tire toda a marinada do salmão.

**Prepare** a wok para defumar forrando-a com papel--alumínio. Coloque o arroz e as folhas de chá misturados no fundo. Ponha uma grelha ou suporte adequado (p. 9-10) e leve a panela tampada ao fogo alto. Aqueça até começar a soltar fumaça.

**Tire** a tampa rapidamente e coloque os filés. Tampe novamente e deixe cozinhar por 2 minutos. Reduza a temperatura para médio e cozinhe por mais 4 minutos. Desligue o fogo e deixe o salmão por mais 6 minutos na panela tampada.

**Faça** o molho. Junte o suco de limão e a salsinha com a maionese, mexa bem e tempere com sal e pimenta. Sirva o salmão com o limão em gomos e a maionese numa tigelinha, acompanhados por uma salada de folhas verdes, se desejar.

**Variação: salada de salmão defumado.** Faça o salmão como na receita e desfie. Coloque numa tigela com 150 g de vagens cozidas, 125 g de tomates-cereja e 20 g de salsinha. Tempere com sal e pimenta e junte 2 colheres (sopa) de azeite e suco de 1 limão.

# cação com aipo

**4** porções
Preparo: **10 minutos**
Cozimento: **7 minutos**

- 1 colher (sopa) de **azeite**
- 1½ colher (sopa) de **gengibre** picado
- 500 g de **cação** em cubos
- 100 ml de **caldo de peixe** quente
- 1 colher (chá) de **shoyu**
- 1 colher (sopa) de **saquê culinário**
- 1 colher (chá) de **pimenta--branca**
- ½ colher (chá) de **óleo de gergelim**
- 500 g de **aipo** em cubos
- 2 colheres (chá) de **farinha de milho** misturada com 2 colheres (sopa) de **água**

**Aqueça** o azeite na wok em fogo alto, até ficar bem quente. Frite o gengibre por alguns segundos, até soltar o aroma.

**Junte** o peixe e frite por 1 minuto. Acrescente o caldo de peixe e espere ferver. Adicione o shoyu, o saquê, a pimenta e o óleo de gergelim. Mexa bem.

**Acrescente** o aipo e espere levantar fervura. Junte a pasta de farinha de milho, mexendo até o molho engrossar e ficar translúcido.

**Variação: carne com aipo e tomate.** Substitua o cação por contrafilé em tiras. Use 100 ml de caldo de galinha quente no lugar do caldo de peixe. Adicione 4 tomates cortados em quartos junto com o aipo e finalize a receita como indicado acima.

# mexilhão ao molho de feijão

**4** porções
Preparo: **15 minutos**
Cozimento: **7 minutos**

1 kg de **mexilhões**
1 colher (sopa) de **óleo de amendoim**
2 **dentes de alho**
2 colheres (sopa) de **molho de feijão-preto**
1 colher (sopa) de **gengibre** picado
2 colheres (sopa) de **saquê culinário**
1 colher (sopa) de **shoyu light**
4 colheres (sopa) de **água**
um punhado de **coentro** picado

**Lave** bem os mexilhões com uma escovinha em água corrente. Descarte os que estiverem abertos e não fecharem quando pressionados.

**Aqueça** o óleo na wok em fogo médio. Frite o alho até dourar. Junte o molho de feijão, o gengibre, o saquê culinário e o shoyu. Adicione a água e deixe ferver por 1 minuto.

**Acrescente** os mexilhões, tampe e ferva por 3-4 minutos, até todos abrirem. Descarte os que não abrirem. Misture o coentro e sirva imediatamente.

**Variação: camarão ao molho de ostra.** Aqueça o óleo e adicione todos os ingredientes do molho, substituindo o molho de feijão-preto pelo molho de ostra. Em vez dos mexilhões, use 250 g de camarões. Deixe ferver por 2-3 minutos, até cozinhar. Sirva com cebolinha fatiada.

# ensopado de camarão à tailandesa

**4** porções
Preparo: **10 minutos**
Cozimento: **15 minutos**

3 colheres (sopa) de **óleo de amendoim**
1 receita de **pasta de curry amarela** (ver receita ao lado)
125 ml de **água**
250 ml de **leite de coco**
20 **camarões graúdos** descascados e limpos
2 colheres (chá) de **molho de peixe** (nam pla)
1 colher (chá) de **suco de limão**
**sal** e **pimenta-do-reino**

**Para decorar**
2 **pimentas vermelhas** sem sementes e em rodelas
1 colher (sopa) de **coentro** picado

**Aqueça** o óleo na wok em fogo alto. Junte a pasta de curry e frite por 4 minutos. Adicione a água, espere ferver e deixe reduzir em fogo alto por 2 minutos.

**Coloque** o leite de coco na pasta de curry e acrescente os camarões. Cozinhe em fogo médio, mexendo de vez em quando, por 6 minutos ou até os camarões cozinharem.

**Junte** o molho de peixe e o suco de limão e tempere com sal e pimenta. Transfira para uma travessa. Decore com a pimenta e o coentro. Sirva com arroz.

**Variação: pasta de curry amarela.** Bata num processador ou liquidificador, até obter uma pasta, um pedaço de gengibre de 2,5 cm picado, 1 talo de capim-limão, 1 cebola picada, 3 dentes de alho picados, 2 colheres (chá) de cúrcuma, 1 colher (chá) de coentro em pó, 1 colher (chá) de cominho em pó, 1 colher (chá) de pasta de camarão, ½ colher (chá) de pimenta-do-reino.

# camarão e vieiras com aspargos

**4** porções
Preparo: **5 minutos**
Cozimento: **10 minutos**

12 **camarões graúdos** limpos e descascados
8 **vieiras**
3 colheres (sopa) de **óleo de amendoim**
2,5 cm de **gengibre** picado
2 **dentes de alho** amassados
250 g de **aspargos** cortados em pedaços
2 colheres (sopa) de **saquê culinário**
1 colher (sopa) de **vinagre**
1½ colher (sopa) de **shoyu**
2 colheres (chá) de **açúcar**
100 ml de **água**
½ colher (chá) de **óleo de gergelim**
**sal** e **pimenta-branca**

**Tempere** os camarões e as vieiras com sal e pimenta.

**Aqueça** 1 colher de óleo na wok em fogo alto, até ficar bem quente. Frite os camarões por 2 minutos. Retire com a escumadeira e reserve. Coloque mais uma colher de óleo na wok para aquecer e frite as vieiras por 1 minuto de cada lado. Retire da panela e reserve.

**Esquente** o óleo restante. Frite o gengibre, o alho e os aspargos por 1 minuto. Adicione o saquê, o vinagre, o shoyu, o açúcar e a água e ferva. Recoloque os frutos do mar na panela e frite até tudo ficar bem cozido. Acrescente o óleo de gergelim, mexa bem e sirva.

**Variação: camarão com pimentão e gergelim.** Use 16 camarões graúdos no lugar das vieiras. Substitua os aspargos por 1 pimentão vermelho e 1 amarelo sem sementes e em tiras. Cozinhe como indicado acima, finalizando com 2 colheres (sopa) de sementes de gergelim torradas.

# caranguejo aromático

**4** porções como entrada
Preparo: **20 minutos**
Cozimento: **5 minutos**

2 **caranguejos** cozidos (750 g cada um)
3 colheres (sopa) de **óleo de amendoim**
1 **pimenta vermelha** cortada em rodelas
3 **dentes de alho** picados
6 fatias finas de **gengibre**
2 talos de **capim-limão** picados
2 colheres (sopa) de **shoyu**
2 colheres (sopa) de **molho de pimenta**
2 colheres (sopa) de **molho de peixe** (nam pla)
2 colheres (sopa) de **água**
suco de 1 **limão**
folhas de **hortelã**
folhas de **coentro**

**Prepare** o caranguejo. Bata com um martelo de carne a parte de baixo. Com a mão, segure o caranguejo virado pra cima e force a carcaça para a carne sair. Retire a cauda e descarte. Tire as garras e bata com o martelo para soltar a carne. Extraia também as guelras. Com uma faca, divida a carne em quatro pedaços.

**Aqueça** o óleo na wok em fogo alto, até ficar bem quente. Junte a pimenta, o alho, o gengibre, o capim-limão e frite por 30 segundos. Coloque o shoyu, os molhos de pimenta e de peixe e a água.

**Adicione** o caranguejo e frite por 2-3 minutos, até aquecer bem e o molho ficar bem distribuído. Finalize misturando com o suco de limão e as ervas.

**Variação: macarrão com caranguejo.**
Use 200 g de carne de caranguejo pronta. Cozinhe com os outros ingredientes como indicado acima, adicionando 200 g de macarrão de arroz e 150 g de tomates-cereja na mesma hora do caranguejo.

SUPERPLUS
LADLE

# linguado com molho de feijão

**4** porções
Preparo: **15 minutos**
Cozimento: **25-30 minutos**

1 colher (sopa) de **óleo de gergelim**
25 g de **gengibre** em tiras
1 **dente de alho** picado
3 colheres (sopa) de **feijão-preto** cozido e escorrido
1 colher (sopa) de suco de **limão**
2 colheres (sopa) de **shoyu light**
2 colheres (chá) de **açúcar**
150 ml de **saquê culinário**
750 g de **linguado** cortado em dois
4 talos de **cebolinha** picados, mais um pouco para decorar
1 **pimentão vermelho** sem sementes e em tiras para decorar

**Aqueça** o óleo na wok em fogo alto, até ficar bem quente. Frite o gengibre, o alho e o feijão por 2 minutos. Acrescente o suco de limão, o shoyu, o açúcar e o saquê culinário.

**Coloque** os pedaços de peixe na panela e ferva em fogo baixo por 20-25 minutos, até cozinharem por completo. Coloque as cebolinhas por cima e deixe alguns segundos mais.

**Transfira** os peixes para uma travessa ou sirva em quatro pratos. Decore com as tiras de pimentão e a cebolinha. Sirva imediatamente, acompanhado por macarrão de arroz, se desejar.

**Variação: frango com molho de feijão-preto.** Substitua o peixe por 750 g de peito de frango. Junte ao molho e mantenha no fogo por 15-20 minutos, até cozinhar por completo. Continue como na receita acima.

# salada de frutos do mar

**4** porções
Preparo: **15 minutos**
Cozimento: **5 minutos**

125 g de **brotos de feijão**
4 talos de **cebolinha** picados
75 g de **ervilhas na vagem**
um pedaço de 5 cm de **pepino** sem casca fatiado
125 g de **tomates-cereja** cortados ao meio
folhas de **hortelã** e de **coentro**
2 colheres (sopa) de **óleo de amendoim**
1 **dente de alho**
1 colher (sopa) de **gengibre**
325 g **anéis de lula**
8 **almôndegas de peixe**
8 **camarões graúdos** limpos e descascados
1 **pimenta vermelha** sem sementes picada
1 colher (chá) de **açúcar demerara**
2 colheres (sopa) de **molho de peixe** (nam pla)
raspas e suco de 1 **limão**
½ colher (sopa) de **óleo de gergelim**
1 colher (sopa) de **shoyu**
**molho de pimenta** para servir

**Misture** os brotos de feijão, a cebolinha, as ervilhas picadas, o pepino, os tomates e as ervas numa tigela.

**Aqueça** o óleo na wok em fogo alto, até ficar bem quente. Frite o alho e o gengibre por 30 segundos. Junte as lulas, as almôndegas e os camarões e deixe por mais 2-3 minutos, até cozinhar bem.

**Adicione** a pimenta, o açúcar, o molho de peixe e as raspas de limão. Continue fritando por 1 minuto. Coloque tudo na tigela e misture com o suco de limão, o óleo de gergelim e o shoyu. Sirva com o molho de pimenta à parte.

**Variação: salada de frango com coco.** Prepare a salada como indicado acima, substituindo os frutos do mar por 625 g de peito de frango em cubos. Depois de pronto, adicione 50 g de coco em lascas na salada.

# bacalhau à tailandesa

**4** porções
Preparo: **10 minutos**
Cozimento: **25 minutos**

5 colheres (sopa) de **óleo de amendoim**
6 **minicebolas** em rodelas
1 colher (sopa) de **pasta de curry vermelha** (p. 80)
raspas de 1 **limão**
2 colheres (sopa) de **molho de peixe** (nam pla)
½ colher (sopa) de **açúcar demerara**
400 ml de **leite de coco**
500 ml de **caldo de legumes**
6 **miniberinjelas** cortadas em quartos
125 g de **ervilha-torta**
750 g de **bacalhau** em pedaços
150 g de **tomates-cereja**
folhas de **manjericão tailandês**

**Aqueça** o óleo na wok em fogo alto, até ficar bem quente. Frite as minicebolas até dourarem. Retire com a escumadeira e seque em papel-toalha.

**Deixe** apenas 2 colheres de óleo na panela e frite a pasta de curry por 30 segundos. Coloque as raspas de limão, o molho de peixe, o açúcar, o leite de coco e o caldo de legumes e ferva. Abaixe o fogo e deixe reduzir por 10 minutos.

**Coloque** as miniberinjelas e cozinhe por mais 5 minutos. Adicione a ervilha e o bacalhau e cozinhe por mais 2 minutos. Junte os tomates e metade das folhas de manjericão. Cozinhe por mais 2 minutos. Coloque as minicebolas por cima e decore com as folhas restantes de manjericão.

**Variação: ensopado de frutos do mar.** Use 3 colheres (sopa) de pasta de curry vermelha (p. 80). Reduza a quantidade de bacalhau para 250 g. Quando for adicionar, coloque junto 150 g de camarão e 200 g de anéis de lula. Continue como indicado acima.

# salada de carne de porco, camarão e repolho

**4** porções
Preparo: **15 minutos**
Cozimento: **10 minutos**

300 g de **repolho** em tiras
12 **camarões graúdos** cozidos
125 g de **lombo de porco** assado em fatias
3 colheres (sopa) de **óleo de amendoim**
3 **minicebolas** fatiadas
2 colheres (sopa) de **amendoins torrados**

**Molho**
1 **dente de alho** amassado
1 colher (sopa) de **molho de peixe** (nam pla)
suco de 2 **limões**
1 colher (chá) de **óleo de gergelim**
1 colher (sopa) de **shoyu light**
1 colher (sopa) de **óleo de amendoim**

**Misture** todos os ingredientes do molho e reserve.

**Cozinhe** o repolho em água fervente por 2 minutos. Escorra e passe em água corrente. Escorra bem e junte à tigela com o molho.

**Adicione** os camarões e a carne de porco ao repolho e misture bem. Reserve.

**Aqueça** o óleo na wok em fogo alto, até que comece a sair vapor. Coloque as minicebolas e frite até dourarem e ficarem crocantes. Retire da wok com a escumadeira e seque em papel-toalha. Coloque-as junto com os amendoins por cima da salada e sirva.

**Variação: salada de abobrinha, camarão e carne de porco.** Em vez do repolho, use 1 abobrinha grande ralada e frite na wok com 1 colher (sopa) de óleo vegetal, até ficar macia. Junte ao molho, acrescente os camarões e a carne de porco. Frite as cebolas como indicado acima. Substitua os amendoins por 1 colher (sopa) de castanhas-do-pará picadas.

# frutos do mar com pimenta fresca

**4** porções
Preparo: **5 minutos**
Cozimento: **5 minutos**

3 colheres (sopa) de **óleo de amendoim**
2 **dentes de alho** picados
4 **vieiras** cortadas em quartos
6 **kani kamas** cortados ao meio no sentido do comprimento
200 g de **camarões graúdos**
1 colher (sopa) de **molho de peixe** (nam pla)
1 colher (sopa) de **molho de ostra**
1 colher (sopa) de **shoyu light**
1 colher (chá) de **açúcar demerara**
2 colheres (sopa) de **pimenta verde** fresca

**Aqueça** o óleo na wok em fogo alto, até ficar bem quente. Frite o alho por alguns segundos. Adicione as vieiras e refogue por mais 1 minuto.

**Junte** os kani kamas, os camarões, o molho de peixe, o molho de ostra, o shoyu, o açúcar e a pimenta, nessa ordem, mexendo sempre após acrescentar cada ingrediente.

**Cozinhe** por mais 1 minuto, até os frutos do mar cozinharem e o molho apurar bem. Sirva com arroz, se desejar.

**Variação: arroz com coco e frutos do mar.** Faça a receita acima, retire do fogo e reserve. Aqueça 1 colher (sopa) de óleo de amendoim na wok e junte 5 colheres (sopa) de leite de coco. Deixe ferver e acrescente 1 colher (chá) de molho de peixe, 250 g de arroz jasmine cozido e mexa bem até aquecer. Coloque os frutos do mar. Cozinhe por 30 segundos e sirva, temperado com suco de limão.

# camarão com espinafre e alho

**4** porções
Preparo: **10 minutos**
Cozimento: **5 minutos**

2 colheres (sopa) de **óleo vegetal**
1 **dente de alho** em fatias
1 **pimenta vermelha** sem sementes picada
300 g de **espinafre** picado
125 g de **camarões-rosa** limpos e descascados
3 colheres (sopa) de **shoyu light**
2 colheres (chá) de **açúcar**
1 colher (sopa) de **saquê culinário**
1 colher (sopa) de **molho de peixe** (nam pla)
6 colheres (sopa) de **água**
**cebolinha** para decorar

**Aqueça** o óleo na wok em fogo alto, até ficar bem quente. Frite o alho e a pimenta por 30 segundos.

**Adicione** o espinafre e os camarões e frite por 1-2 minutos, até o camarão cozinhar e o espinafre murchar.

**Misture** o shoyu, o açúcar, o saquê, o molho de peixe e a água. Coloque na wok. Cozinhe por mais 1 minuto e sirva imediatamente, decorado com a cebolinha.

**Variação: cação com espinafre e limão.** Substitua os camarões por 250 g de cação em pedaços. Frite o peixe com o alho, a pimenta e o espinafre, como indicado acima. Adicione as raspas e o suco de 1 limão, junto com o shoyu.

# legumes, verduras e tofu

# ensopado de legumes

**4** porções
Preparo: **15 minutos**
Cozimento: **30 minutos**

1 colher (sopa) de **óleo de amendoim**
1 **cebola** em rodelas
400 ml de **leite de coco**
200 ml de **caldo de legumes**
2 colheres (sopa) de **pasta de curry amarela** (p. 148)
1 colher de sopa de **açúcar demerara**
3 colheres (sopa) de **molho de peixe** (nam pla)
750 g de **batata** descascada cortada em quartos
250 g de **cenoura** em rodelas
250 g de **couve-flor**
75 g de **ervilha** fresca
folhas de **coentro**

**Aqueça** o óleo na wok em fogo médio. Frite a cebola por 4-5 minutos, até dourar. Retire com a escumadeira e reserve.

**Coloque** o leite de coco e o caldo de legumes na wok e aumente o fogo para que comece a ferver. Acrescente a pasta de curry, o açúcar e o molho de peixe e misture bem.

**Junte** a batata, a cenoura e a cebola frita, abaixe o fogo e cozinhe por 10 minutos. Adicione a couve-flor e a ervilha e deixe reduzir por mais 10 minutos, até que todos legumes estejam macios.

**Coloque** numa tigela e decore com um pouco de coentro fresco.

**Variação: ensopado de frango, batata e cenoura.** Não use a cenoura e a couve-flor. Corte 625 g de coxas de frango desossadas e sem pele. Ponha na panela junto com as batatas. Ferva em fogo baixo por 10 minutos. Junte as ervilhas e finalize como indicado na receita acima.

# cogumelos com aspargos

**4** porções
Preparo: **5 minutos**
Cozimento: **7 minutos**

- 1 ½ colher (sopa) de **óleo de amendoim**
- 375 g de **aspargos** cortados ao meio
- 1 **cebola roxa** em gomos
- 2 **dentes de alho** picados
- 125 g de **cogumelos** cortados ao meio, se grandes
- 2 colheres (sopa) de **saquê culinário**
- 2 colheres (sopa) de **caldo de legumes** ou **água**
- 1 colher (sopa) de **molho de ostra**
- 1 colher (sopa) de **vinagre**
- 2 colheres (chá) de **açúcar**
- 1 colher (chá) de **sal**
- 1 colher (chá) de **óleo de gergelim**

**Aqueça** o óleo na wok em fogo alto, até ficar bem quente. Frite os aspargos e a cebola por 2 minutos. Adicione o alho e os cogumelos e cozinhe, mexendo sempre, por mais 1 minuto.

**Misture** o saquê, o caldo, o molho de ostra, o vinagre, o açúcar, o sal e o óleo de gergelim. Adicione à panela. Frite por 1-2 minutos, até o molho apurar.

**Variação: arroz com pato e aspargos.** Frite 275 g de filé de pato em tiras com 2 colheres (sopa) de óleo de amendoim, até dourar. Não use os cogumelos e adicione os aspargos, a cebola e o alho. Cozinhe por 2 minutos e adicione os ingredientes do molho junto com 250 g de arroz jasmine. Cozinhe até aquecer bem.

# tofu ao curry com legumes

**4** porções
Preparo: **15 minutos**
Cozimento: **25-30 minutos**

450 g de **tofu** firme
1 colher (sopa) de **azeite**
2 colheres (sopa) de **pasta de curry vermelha** (p. 80)
1-2 **pimentas verdes** picadas
200 ml de **leite de coco**
250 ml de **caldo de legumes**
1 **berinjela** grande em cubos
12 **minimilhos**
100 g de **ervilha-torta**
100 g de **cenoura** em rodelas
1 **pimentão verde** em rodelas
150 g de **brotos de bambu** em rodelas
125 g de **shitake** cortado ao meio
1 colher (sopa) de **molho de peixe** (nam pla)
1 colher (sopa) de **mel**
raspas de ½ **limão**

**Para decorar**
folhas de **manjericão tailandês**
**castanhas de caju** torradas

**Seque** o tofu com papel-toalha e corte em cubos grandes.

**Aqueça** o azeite na wok em fogo alto, até ficar bem quente. Frite a pasta de curry e as pimentas por 1 minuto. Adicione 2 colheres (sopa) de leite de coco e cozinhe, mexendo ocasionalmente, por 2 minutos.

**Junte** o caldo de legumes e espere ferver. Adicione a berinjela, abaixe o fogo e deixe reduzir por 5 minutos. Coloque o restante dos legumes e os cogumelos e cozinhe por mais 5-10 minutos. Acrescente o molho de peixe, o mel, as raspas de limão e o restante do leite de coco. Deixe reduzir por mais 5 minutos, mexendo de vez em quando. Adicione o tofu e misture bem.

**Decore** com o manjericão e as castanhas. Sirva com arroz jasmine ou gohan (japonês).

**Variação: macarrão com tofu e legumes.** Use 400 ml de leite de coco e aumente a quantidade de caldo de legumes para 350 ml. Adicione 200 g de macarrão de arroz pronto junto com o tofu e cozinhe por 1 minuto.

# couve-chinesa ao gengibre

**4** porções
Preparo: **5 minutos**
Cozimento: **5 minutos**

1 colher (sopa) de **óleo de amendoim**
½ **pimenta vermelha** em rodelas
1 colher (sopa) de **gengibre** picado
uma pitada de **sal**
500 g de **couve-chinesa** (ou **acelga**) com as folhas separadas
100 ml de **água**
¼ de colher (chá) de **óleo de gergelim**

**Aqueça** o óleo na wok em fogo alto, até ficar bem quente. Refogue a pimenta com o gengibre e o sal por 15 segundos.

**Junte** a couve-chinesa e refogue por mais 1 minuto. Adicione a água e mexa. Cozinhe até as folhas murcharem e a água evaporar. Tempere com óleo de gergelim e sirva imediatamente.

**Variação: couve-chinesa com cogumelos e molho de ostra.** Siga a receita acima e adicione 250 g de shitake em tiras junto com a verdura e 2 colheres (sopa) de molho de ostra junto com a água.

# tofu com minimilhos

**4 porções**
Preparo: **12 minutos**
Cozimento: **10 minutos**

1 colher (sopa) de **azeite**
2 **pimentas vermelhas** em rodelas
2 talos de **capim-limão** picados
1 **dente de alho** grande amassado
raspas de ½ **limão**
1 colher (sopa) de **gengibre** fresco picado
1 colher (sopa) de **pasta de tamarindo**
2 colheres (sopa) de **caldo de legumes**
2 colheres (chá) de **shoyu**
1 colher (sopa) de **mel**
500 g de **tofu** firme em tiras
125 g de **minimilhos**
125 g de **aspargos** cortados ao meio

**Aqueça** o azeite na wok em fogo alto, até ficar bem quente. Junte a pimenta, o capim-limão, o alho, as raspas de limão e o gengibre. Reduza o fogo para médio e frite por 2-3 minutos.

**Adicione** a pasta de tamarindo, o caldo, o shoyu e o mel. Cozinhe por mais 2-3 minutos, até o molho engrossar.

**Junte** o tofu, os minimilhos e os aspargos e cozinhe por mais 2 minutos.

**Variação: camarões com tamarindo.** Substitua o tofu por 500 g de camarão graúdo e cozinhe como indicado acima. Não use os minimilhos e finalize com coentro picado.

# espinafre ao alho

**4** porções
Preparo: **5 minutos**
Cozimento: **5 minutos**

500 g de **espinafre**
2 colheres (sopa) de **óleo de amendoim**
3 **dentes de alho** em fatias
1 colher (sopa) de **sal**
2 colheres (sopa) de **saquê culinário**
150 ml de **água**
1 colher (chá) de **óleo de gergelim**

**Corte** o espinafre em pedaços médios. Lave bem.

**Aqueça** o óleo na wok em fogo alto, até ficar bem quente. Refogue o alho com o sal por 15 segundos. Acrescente o espinafre e frite por mais 1 minuto.

**Junte** o saquê e a água e cozinhe por 2-3 minutos, até as folhas murcharem e a maior parte do líquido evaporar. Coloque o óleo de gergelim, mexa bem e sirva.

**Variação: acelga com castanhas.** Substitua o espinafre por 500 g de acelga em tiras e 4 castanhas portuguesas cozidas cortadas em quartos (ou 4 castanhas-do-pará).

# chop-suey de legumes

**4** porções
Preparo: **10 minutos**
Cozimento: **8 minutos**

1 colher (sopa) de **farinha de milho**
1 colher (sopa) de **shoyu light**
1 colher (sopa) de **saquê culinário**
3 colheres (sopa) de **caldo de legumes** ou **água**
½ colher (chá) de **mel**
2 colheres (sopa) de **óleo de amendoim**
2 **pimentões vermelhos** sem sementes em tiras
2 **minicebolas** em rodelas
1 colher (chá) de **gengibre** picado
2 **dentes de alho** picados
150 g de **shitake** cortados ao meio
50 g de **brotos de bambu** em fatias
50 g de **castanha de caju**
300 g de **brotos de feijão**
3 talos de **cebolinha** picados

**Coloque** a farinha de milho, o shoyu e o saquê num copo e mexa até obter uma pasta. Junte o caldo e o mel, mexa e reserve.

**Aqueça** o óleo na wok em fogo alto, até ficar bem quente. Frite os pimentões, as minicebolas, o gengibre e o alho por 2 minutos. Acrescente os cogumelos, os brotos de bambu e as castanhas e refogue por mais 2 minutos.

**Adicione** os brotos de feijão, a cebolinha e o molho. Cozinhe por 1-2 minutos, até o molho apurar bem. Sirva imediatamente.

**Variação: chop-suey de carne.** Frite 300 g de carne em tiras com 2 colheres (sopa) de óleo de amendoim por 2-3 minutos, até dourar. Retire da panela com a escumadeira. Siga a receita acima, eliminando os brotos de bambu e reduzindo os brotos de feijão para 150 g. Adicione os cogumelos e 200 g de acelga em tiras. Recoloque a carne na panela na mesma hora do molho.

# legumes ao molho apimentado

**4** porções
Preparo: **10 minutos**
Cozimento: **5 minutos**

- 250 g de **cogumelos** frescos cortados ao meio
- 2 colheres (sopa) de **farinha de milho**
- 2 colheres (sopa) de **óleo de amendoim**
- 2 **dentes de alho** em fatias
- 1 colher (sopa) de **gengibre** picado
- ½ colher (chá) de **sal**
- 2 **pimentões vermelhos** sem sementes em pedaços
- 4 folhas de **acelga** pequenas cortadas ao meio
- 2 colheres (sopa) de **saquê culinário**
- 1 colher (sopa) de **molho de pimenta**
- 1 colher (sopa) de **shoyu**
- 4 talos de **cebolinha** picados

**Coloque** os cogumelos numa tigela e junte a farinha de milho. Misture bem.

**Aqueça** o óleo na wok em fogo alto, até ficar bem quente. Junte o alho, o gengibre e o sal e mexa bem. Adicione os cogumelos, o pimentão vermelho e a acelga e refogue por 2-3 minutos.

**Junte** o saquê, o molho de pimenta, o shoyu e a cebolinha. Cozinhe por mais 1 minuto, até o molho engrossar.

**Variação: arroz apimentado com legumes e molho de ostra.** Cozinhe os legumes como indicado acima, sem usar sal. Junte 4 colheres (sopa) de molho de ostra e 300 g de arroz jasmine cozido, o shoyu e a cebolinha.

# salada de cenoura e nozes

**6** porções
Preparo: **10 minutos**
Cozimento: **10 minutos**

2 colheres (chá) de **óleo de amendoim**
3 colheres (sopa) de **castanha de caju** picada
3 colheres (sopa) de **amendoim**
¼ de colher (chá) de **sal**
1 **pimenta verde** sem sementes picada
1 colher (chá) de **gengibre** picado
500 g de **cenoura** ralada
3 **minicebolas** em rodelas finas
raspas e suco de 1 **limão**
½ colher (chá) de **óleo de gergelim**
folhas de **hortelã**
folhas de **coentro**

**Aqueça** o óleo na wok em fogo médio. Toste as castanhas e os amendoins por 3-4 minutos, até dourarem.

**Adicione** o sal, a pimenta e o gengibre e frite por 30 segundos. Misture numa tigela com a cenoura ralada, a minicebola, as raspas e o suco de limão, o óleo de gergelim e as ervas. Espere esfriar bem e sirva.

**Variação: salada de atum e nozes.** Cozinhe as nozes com sal, pimenta e gengibre, como indicado acima. Junte uma porção de folhas de coentro e 75 g de agrião. Tempere com o limão e o óleo de gergelim. Frite um filé de atum de 250 g por 1 minuto de cada lado. Fatie e coloque na salada.

# couve-flor apimentada

**4** porções
Preparo: **10 minutos**
Cozimento: **10 minutos**

2 colheres (sopa) de **óleo de amendoim**
1 **pimenta vermelha** sem sementes picada
2 **dentes de alho** picados
1 colher (chá) de **pasta de camarão**
1 **cebola** em rodelas finas
1 colher (chá) de **sal**
500 g de **couve-flor**
3 colheres (sopa) de **água**

**Aqueça** o óleo na wok em fogo alto, até ficar bem quente. Frite a pimenta, o alho e a cebola por 1 minuto.

**Adicione** a pasta de camarão, refogue por mais 1 minuto e acrescente o sal e a couve-flor. Misture bem, junte a água, tampe e deixe cozinhar por 3-4 minutos, até ficar tenra.

**Variação: sopa de couve-flor.** Faça a receita como indicado acima, acrescentando 250 g de batata cortada em cubinhos e a couve-flor. Mexa, coloque 1 litro de caldo de legumes e deixe ferver em fogo baixo por 15 minutos. Bata no liquidificador e sirva com molho de pimenta.

# legumes ao molho de saquê

**4** porções
Preparo: **5 minutos**
Cozimento: **6-7 minutos**

2 colheres (sopa) de **óleo de amendoim**
1 colher (chá) de **gengibre** picado
2 **dentes de alho** em fatias finas
½ colher (chá) de **sal**
200 g de **brotos de bambu** fatiados
300 g de **brócolis**
1 colher (sopa) de **shoyu**
3 colheres (sopa) de **saquê culinário**
4 colheres (sopa) de **água**

**Aqueça** o óleo na wok em fogo alto, até ficar bem quente. Frite o gengibre, o alho e o sal por 30 segundos. Adicione os brotos de bambu, o brócolis e cozinhe por mais 2 minutos.

**Acrescente** o shoyu, deixe por 1 minuto e junte o saquê e a água. Continue refogando, até os legumes ficarem bem cobertos pelo molho. Sirva com arroz, se desejar.

**Variação: arroz com brócolis.** Faça a receita acima sem usar os brotos de bambu nem o molho de feijão. No fim, adicione 250 g de arroz jasmine cozido e aqueça bem. Retire do fogo, junte ¼ de colher (chá) de óleo de gergelim e mexa bem.

# acelga apimentada

**4** porções
Preparo: **5 minutos**
Cozimento: **4 minutos**

2 colheres (sopa) de **óleo de amendoim**
6 fatias finas de **gengibre**
1 colher (chá) de **sal**
2 **dentes de alho** em fatias finas
300 g de **acelga** em pedaços grandes
3 colheres (sopa) de **saquê culinário**
1 colher (sopa) de **molho de ostra**
1 colher (sopa) de **vinagre**
2 colheres (chá) de **açúcar**
½ colher (chá) de **óleo de gergelim**

**Aqueça** o óleo na wok em fogo alto, até ficar bem quente. Refogue o gengibre, o sal e o alho por 30 segundos.

**Adicione** a acelga e deixe mais 30 segundos. Acrescente o saquê, o molho de ostra, o vinagre, o açúcar e o óleo de gergelim. Frite por mais 2 minutos, até que as folhas fiquem macias.

**Variação: camarão com acelga e nozes.** Frite 1 pimenta vermelha picada e 200 g de camarões limpos e descascados com alho, gengibre e sal. Adicione a acelga e os outros ingredientes. Finalize o prato com 2 colheres (sopa) de castanhas de caju torradas picadas.

# tofu com cogumelos

**4** porções
Preparo: **10 minutos**
Cozimento: **10 minutos**

450 g de **tofu firme**
**óleo vegetal** para fritar
1 colher (chá) de **gengibre** picado
2 **dentes de alho** picados
200 g de **shitake** cortado ao meio
125 g de **ervilhas na vagem**
2 colheres (sopa) de **molho de ostra**
2 colheres (sopa) de **saquê culinário**
1 **pimenta vermelha** sem sementes e em rodelas para decorar

**Seque** bem o tofu em papel-toalha, corte em cubos e reserve. Coloque óleo suficiente na wok para fritar por imersão e leve ao fogo alto. Para testar a temperatura, jogue um pedaço de miolo de pão: se dourar em 20 segundos, está no ponto. Coloque metade do tofu e frite até dourar. Retire com a escumadeira e seque em papel-toalha. Frite a outra metade da mesma maneira. Reserve.

**Deixe** 2 colheres (sopa) de óleo na wok e leve ao fogo alto. Junte o gengibre e o alho e mexa bem. Adicione os cogumelos e as ervilhas.

**Frite** por mais 2 minutos e coloque o tofu novamente na panela. Adicione o molho de ostra e o saquê. Cozinhe, mexendo sempre, por 1-2 minutos, até o tofu ficar bem coberto pelo molho. Retire do fogo e decore com a pimenta.

**Variação: camarão com shitake e ervilhas.** Não use o tofu. Frite o alho e o gengibre como acima, junte 250 g de camarões descascados e limpos, 200 g de shitake e 125 g de ervilhas frescas em vez das ervilhas na vagem. Conclua a receita como acima.

# couve-chinesa com pimenta

**4** porções
Preparo: **8 minutos**
Cozimento: **17 minutos**

1 colher (sopa) de **azeite**
1 **dente de alho** amassado
1 **cebola** grande picada
500 g de **couve-chinesa** em pedaços grandes ou **acelga**
2 colheres (chá) de **suco de limão**
1 **pimenta vermelha** sem sementes picada
1 colher (chá) de **sal**
½ colher (chá) de **pimenta-preta**

**Aqueça** o azeite na wok em fogo médio. Adicione o alho e a cebola e cozinhe por 10 minutos, até a cebola ficar translúcida. Acrescente a couve e frite por mais 5 minutos.

**Junte** o suco de limão e a pimenta. Tempere com sal e pimenta e sirva imediatamente.

**Variação: repolho com pimenta.** Substitua a couve-chinesa por 500 g de repolho. Descarte os talos e as folhas mais duras. Corte em tiras e siga a receita acima.

# tofu com legumes

**4** porções
Preparo: **10 minutos**
Cozimento: **12 minutos**

450 g de **tofu firme**
200 ml de **óleo vegetal**
1 colher (chá) de **gengibre** picado
2 **dentes de alho** picados
5 talos de **cebolinha** picados
50 g de **castanhas portuguesas** cozidas e cortadas ao meio
75 g de **ervilha-torta** cortada ao meio
½ **cebola roxa** em gomos
1 colher (chá) de **óleo de gergelim**

**Molho de ostra**
1 ½ colher (sopa) de **saquê culinário**
3 colheres (sopa) de **caldo de galinha** ou **água**
1 colher (sopa) de **molho de ostra**
2 colheres (chá) de **shoyu light**
2 colheres (chá) de **açúcar**
2 colheres (chá) de **vinagre**
½ colher (chá) de **sal**

**Misture** os ingredientes do molho de ostra e reserve.

**Seque** o tofu com papel-toalha e corte-o em cubos. Coloque óleo na wok até ficar bem quente. Para testar a temperatura, jogue um pedaço de pão; se dourar em 20 segundos, pode começar a fritar. Frite metade do tofu até dourar, retire com uma escumadeira e deixe secar sobre papel-toalha. Frite o restante do tofu da mesma maneira. Reserve.

**Deixe** apenas 2 colheres (sopa) de óleo na wok e leve ao fogo alto. Adicione o gengibre, o alho e a cebolinha e mexa. Ponha as castanhas, a ervilha e a cebola roxa. Frite por 2 minutos, até dourar, e adicione o molho.

**Frite** por mais 1 minuto e retorne o tofu à panela. Misture o óleo de gergelim e mexa bem, até o molho apurar bem e o tofu pegar gosto. Sirva imediatamente.

**Variação: refogado de carne de porco e tofu.** Misture o molho de ostra e frite o tofu como indicado. Frite 125 g de lombo de porco fatiado em 2 colheres (sopa) de óleo vegetal. Junte 1 colher (chá) de pimenta em pó, alho, gengibre e cebolinha. Faça a receita como indicado acima, sem usar as castanhas.

# tofu com tamarindo

**4** porções
Preparo: **10 minutos**
Cozimento: **5 minutos**

1 colher (sopa) de **gengibre** picado
1 talo de **capim-limão** picado
2 **dentes de alho** picados
2 **pimentas vermelhas** picadas
1 colher (chá) de **pasta de camarão**
2 colheres (chá) de **pasta de tamarindo**
1 colher (chá) de **sal**
1 colher (chá) de **açúcar**
450 g de **tofu firme**
2 colheres (sopa) de **óleo de amendoim**
150 g de **vagem picada**
25 g de **amendoins** torrados picados para decorar

**Bata** todos os ingredientes – menos o tofu, a vagem, o óleo e os amendoins – no processador até obter uma pasta.

**Seque** o tofu em papel-toalha e corte-o em cubos. Deixe marinar no molho por 1 hora.

**Aqueça** o óleo na wok em fogo alto, até ficar bem quente. Frite o tofu por 2-3 minutos, até dourar. Adicione a vagem e cozinhe por mais 30 segundos. Decore com os amendoins antes de servir.

**Variação: camarão apimentado com tamarindo.** Substitua o tofu por 250 g de camarões graúdos. Faça o molho como acima e deixe os camarões marinando por 1 hora. Siga a receita acima, sem usar os amendoins. Decore com coentro.

# couve-chinesa com cogumelos

**4** porções
Preparo: **3 minutos**
Cozimento: **10 minutos**

½ colher (sopa) de **azeite**
500 g de folhas de **couve-chinesa** (ou **acelga**) cortadas ao meio no sentido do comprimento
20 **shitakes** cortados ao meio
1 colher (chá) de **shoyu**
1 colher (sopa) de **saquê culinário**
3 colheres (sopa) de **caldo de legumes**
½ colher (sopa) de **farinha de milho** misturada com 1 colher (sopa) de **água**

**Aqueça** o azeite na wok em fogo alto, até ficar bem quente. Adicione aos poucos a couve-chinesa, mexendo ocasionalmente. Tampe a panela e deixe cozinhar por 2-3 minutos, até as folhas ficarem tenras. Retire da panela.

**Coloque** na wok os cogumelos e frite por 30 segundos. Junte o shoyu, o saquê e o caldo de legumes. Mexa bem. Junte a pasta de farinha de milho aos poucos, mexendo sempre, até o molho engrossar.

**Espalhe** os cogumelos e o molho por cima da acelga e sirva imediatamente.

**Variação: brócolis e cogumelos ao molho apimentado.** Substitua a couve-chinesa por brócolis. Aqueça 1 colher (sopa) de óleo em fogo alto, junte o brócolis com 4 colheres (sopa) de água e frite por 2-3 minutos. Adicione os cogumelos e, 30 segundos depois, coloque os outros ingredientes, acrescentando 2 colheres (sopa) de molho de ostra junto com o shoyu. Ao final, junte 1 colher (chá) de molho de pimenta, mexa e sirva.

# arroz e macarrão

# arroz com ovos

**4** porções (como acompanhamento)
Preparo: **5 minutos**
Cozimento: **4 minutos**

4 **ovos**
2 colheres (chá) de **gengibre** picado
1½ colher (sopa) de **shoyu light**
2 colheres (sopa) de **óleo de amendoim**
300 g de **arroz jasmine** cozido e frio
2 talos de **cebolinha** picados
¼ de colher (chá) de **óleo de gergelim**

**Coloque** numa tigela os ovos, o gengibre, metade do shoyu e bata bem.

**Aqueça** o óleo na wok em fogo alto, até ficar bem quente. Junte os ovos e cozinhe por 30-60 segundos, mexendo sempre.

**Adicione** o arroz cozido, as cebolinhas, o óleo de gergelim e o restante do shoyu e frite por mais 1-2 minutos, até o arroz aquecer bem.

**Variação: arroz frito com acelga.** Siga a receita acima, acrescentando 1 pimenta vermelha em rodelas e 125 g de acelga quando o arroz estiver quente. Cozinhe por 30 segundos.

# arroz frito com camarão

**4** porções (como acompanhamento)
Preparo: **5 minutos**
Cozimento: **7 minutos**

1 colher (sopa) de **azeite**
500 g de **camarões** graúdos descascados e limpos
50 g de **shitake** cortado ao meio
1 **abobrinha** em fatias finas
1 **cenoura** pequena em fatias finas
50 g de **vagem** picada
300 g de **arroz jasmine** cozido e frio
2 colheres (sopa) de **shoyu**
1 colher (chá) de **sal** e **pimenta-preta**
1 talo de **cebolinha** picado para decorar

**Aqueça** o azeite na wok em fogo alto, até ficar bem quente. Frite os camarões por 1 minuto, remova com a escumadeira e reserve.

**Adicione** os cogumelos, a abobrinha, a cenoura e a vagem. Refogue por 2 minutos em fogo alto. Junte o arroz e o shoyu, sal e pimenta. Mexa bem.

**Coloque** os camarões na wok e cozinhe por 2 minutos. Decore com cebolinha picada e sirva.

**Variação: sopa de camarão com cogumelos.** Frite os camarões e os legumes como indicado acima. Quando estiverem cozidos, junte 750 ml de caldo de legumes, ½ colher (chá) de açúcar, 2 colheres (sopa) de shoyu, 2 fatias de gengibre, e ferva por 10 minutos em fogo baixo. Adicione o arroz, tempere com pimenta e deixe em fogo baixo, até aquecer bem. Decore com cebolinha.

# arroz com camarão e presunto

**4** porções (como acompanhamento)
Preparo: **5 minutos**
Cozimento: **5 minutos**

4 **ovos**
1 ½ colher (chá) de **óleo de gergelim**
2 colheres (sopa) de **shoyu light**
uma pitada de **sal**
1 colher (sopa) de **óleo de amendoim**
125 g de **camarões** descascados e limpos
125 g de **presunto** picado
1 colher (sopa) de **gengibre** picado
2 **dentes de alho** amassados
5 talos de **cebolinha** picados
300 g de **arroz jasmine** cozido e frio

**Coloque** os ovos, 1 colher (chá) de óleo de gergelim, o shoyu e o sal numa tigela e bata bem.

**Aqueça** ½ colher (sopa) de óleo na wok em fogo alto, até ficar bem quente. Coloque a mistura de ovos e mexa por 30-60 segundos. Retire da panela e reserve.

**Esquente** o óleo restante na wok. Frite os camarões, o presunto, o gengibre e o alho por 1 minuto, até os camarões cozinharem. Adicione as cebolinhas, o arroz cozido, os ovos e o restante do óleo de gergelim. Deixe por mais 1-2 minutos, até o arroz aquecer bem.

**Variação: arroz frito com frango.** Não use os camarões e o presunto. Cozinhe os ovos como indicado acima. Coloque 1 colher (sopa) de óleo de amendoim na wok e frite o gengibre, o alho e 250 g de peito de frango em tiras por 2-3 minutos. Junte 2 colheres (sopa) de molho de ostra e cozinhe por mais 1 minuto. Adicione as cebolinhas e o arroz e finalize como indicado acima.

# arroz com frango à tailandesa

**4** porções (como acompanhamento)
Preparo: **5 minutos**
Cozimento: **7 minutos**

150 g de **carne de frango moída**
2 colheres (sopa) de **óleo de amendoim**
2 **dentes de alho** picados
2 **minicebolas** em rodelas
2 **pimentas vermelhas** picadas
1 **pimentão vermelho** picado
2 colheres (sopa) de **molho de peixe** (nam pla)
½ colher (chá) de **açúcar demerara**
1 ½ colher (sopa) de **shoyu light**
300 g de **arroz jasmine** cozido e frio
folhas de **manjericão tailandês**

**Separe** a carne de frango moída com um garfo e reserve.

**Aqueça** o óleo na wok em fogo alto, até ficar bem quente. Refogue o alho, a minicebola, a pimenta e o pimentão por 30 segundos. Adicione o frango, o molho de peixe, o açúcar e o shoyu e frite por mais 3-4 minutos, até a carne dourar.

**Acrescente** o arroz e as folhas de manjericão e mexa bem, até o arroz aquecer bem.

**Variação: arroz com ervas e carne de porco.** Substitua o frango por 200 g de carne de porco cortada em cubinhos. Cozinhe como acima, reduzindo a quantidade de manjericão pela metade e acrescentando algumas folhas de coentro e 6 folhas de hortelã.

# lombo e arroz com legumes

**4** porções
Preparo: **5 minutos**
Cozimento: **8 minutos**

500 g de **lombo de porco**
2 colheres (sopa) de **vinagre balsâmico**
1 colher (sopa) de **sementes de erva-doce**
½ colher (sopa) de **azeite**
1 colher (sopa) de **pimenta--chinesa** amassada

**Arroz com legumes**
2 colheres (sopa) de **óleo de amendoim**
150 g de **cenoura** em cubos
1 **ovo** batido
1 receita de **arroz** comum (ver ao lado)
100 g de **ervilhas** frescas
100 g de **milho verde**
100 g de **abacaxi** em cubos
1 colher (sopa) de **shoyu**
½ colher (chá) de **pimenta--branca**
2 colheres (sopa) de **cebolinha** picada

**Coloque** o lombo numa assadeira com o vinagre, a erva-doce, o azeite e a pimenta-chinesa. Deixe marinar por 30 minutos.

**Asse** a carne de porco em forno preaquecido a 220°C por 40 minutos, até assar bem.

**Faça** o arroz. Aqueça o óleo na wok em fogo médio. Frite as cenouras por 1 minuto e adicione o ovo batido. Mexa bem.

**Junte** o arroz cozido, as ervilhas, o milho e o abacaxi e frite por 5 minutos. Tempere com o shoyu, a pimenta--branca, a cebolinha e sirva com o lombo assado.

**Variação: arroz comum.** Para 4 porções, use 200 g de arroz jasmine. Lave bem os grãos, coloque numa panela e adicione água, de modo que fique 2,5 cm acima da camada de arroz. Leve a panela ao fogo médio e espere ferver. Mexa bem e abaixe o fogo. Tampe e deixe cozinhar por 10 minutos. Não destampe antes desse tempo.

# camarão com omelete oriental

**4** porções
Preparo: **10 minutos**
Cozimento: **13 minutos**

5 colheres (sopa) de **óleo de amendoim**
2 **ovos** batidos
4 **minicebolas** em rodelas
1 **pimenta vermelha** sem sementes em tiras
1 colher (sopa) de **gengibre** picado
1 colher (chá) de **coentro** em pó
1 colher (chá) de **páprica**
1 **cenoura** em cubos
300 g de **repolho** fatiado
1 colher (sopa) de **shoyu light**
1 colher (sopa) de **ketchup**
300 g de **arroz jasmine** cozido e frio
200 g de **camarões-rosa** cozidos
1 colher (sopa) de **cebolinha** picada

**Aqueça** 1 colher (sopa) de óleo na wok em fogo médio. Junte os ovos, espalhe bem sobre a superfície da panela, deixe cozinhar por 30 segundos e vire. Cozinhe por mais 10 segundos, deixe esfriar e corte em tiras.

**Aqueça** a wok em fogo médio, junte o óleo restante e, quando estiver bem quente, frite as minicebolas por 4-5 minutos, até dourarem e ficarem crocantes. Retire com a escumadeira e seque em papel-toalha. Reserve.

**Deixe** apenas 1 colher (sopa) de óleo na wok. Junte a pimenta, o gengibre, o coentro em pó e a páprica e refogue por 30 segundos. Adicione a cenoura e o repolho e frite por mais 2 minutos. Acrescente o shoyu e o ketchup e deixe mais 1 minuto. Junte o arroz cozido, os camarões e metade da cebolinha e cozinhe por mais 2 minutos, até o arroz aquecer bem. Sirva com as cebolas fritas, as tiras de omelete e o restante da cebolinha picada por cima.

**Variação: frango com omelete oriental.** Não use os camarões e siga as duas primeiras etapas da receita acima. Corte 300 g de peito de frango em cubos e frite com a pimenta, o gengibre e os temperos antes de completar a receita. Corte um pedaço de 5 cm de pepino em fatias finas e sirva por cima do arroz.

# arroz com carne e legumes

**4** porções
Preparo: **10 minutos**
Cozimento: **8 minutos**

2 colheres (sopa) de **óleo de amendoim**
2 **dentes de alho** amassados
2 **pimentas vermelhas** sem sementes picadas
2 **minicebolas** em fatias
250 g de **contrafilé** em tiras
1 **pimentão verde** sem sementes em tiras
125 g de **minimilho** cortados ao meio no sentido do comprimento
125 g de **shimeji**
2 colheres (sopa) de **molho de peixe** (nam pla)
½ colher (chá) de **açúcar demerara**
1 colher (sopa) de **shoyu light**
300 g de **arroz jasmine** cozido e frio
4 talos de **cebolinha** picados
folhas de **coentro**

**Aqueça** o óleo na wok em fogo alto, até ficar bem quente. Junte o alho, as pimentas, as minicebolas e a carne e mexa bem. Cozinhe por 2-3 minutos, até a carne começar a dourar. Acrescente o pimentão, o minimilho, o shimeji e cozinhe por mais 2 minutos.

**Junte** o molho de peixe, o açúcar e o shoyu e deixe por mais alguns segundos. Adicione o arroz cozido e as cebolinhas e frite até o arroz aquecer bem. Adicione o coentro e sirva.

**Variação: arroz frito à oriental.** Não use a carne. Cozinhe o alho, as pimentas e as cebola por alguns segundos e junte os legumes. Adicione 125 g de brócolis e 75 g de brotos de feijão. Conclua a receita como acima.

# macarrão apimentado

**4** porções
Preparo: **10 minutos**
Cozimento: **10 minutos**

250 g de **macarrão de arroz** fino
2 colheres (chá) de **óleo de gergelim**
2 colheres (sopa) de **óleo de amendoim**
3 **dentes de alho** amassados
1 colher (sopa) de **gengibre** picado
1 **cebola roxa** em rodelas
1 **pimenta vermelha** em tiras
75 g de **shitake** em tiras
150 g de **presunto** picado
150 g de **camarões pequenos** descascados e cozidos
75 g de **ervilhas frescas**
200 g de **brotos de feijão**
4 talos de **cebolinha** picados
folhas de **coentro** picadas

**Molho apimentado**
1½ colher (sopa) de **pasta de curry**
2 colheres (sopa) de **shoyu**
2 colheres (sopa) de **saquê culinário**
½ colher (chá) de **sal**

**Misture** todos os ingredientes do molho numa tigela e reserve.

**Cozinhe** o macarrão em água fervente, de acordo com as instruções da embalagem. Lave em água corrente e escorra. Misture numa tigela com o óleo de gergelim.

**Aqueça** o óleo na wok em fogo alto, até ficar bem quente. Junte o alho, o gengibre, a cebola e a pimenta e mexa bem. Coloque o shitake e frite por 1 minuto. Adicione o presunto, os camarões, as ervilhas e os brotos de feijão e deixe por mais 1 minuto.

**Coloque** o molho na panela e misture bem. Junte o macarrão, a cebolinha e o coentro. Cozinhe até aquecer bem e sirva.

**Variação: macarrão especial.** Substitua os camarões pequenos por 200 g de camarões graúdos e 150 g de vieiras cortadas em quartos. Deixe os shitakes inteiros. Faça a receita como indicado, acrescentando os frutos do mar junto com os cogumelos. Cozinhe por 2 minutos antes de adicionar os outros ingredientes.

# macarrão à tailandesa

**4** porções
Preparo: **12 minutos**
Cozimento: **12 minutos**

125 g de **bifum**
2 colheres (sopa) de **azeite**
2 **dentes de alho** amassados
1 colher (sopa) de **gengibre** picado
1 colher (sopa) bem cheia de **pasta de curry**
250 g de **minimilho**
250 g de **repolho** fatiado
1 **pimentão vermelho** pequeno sem sementes em tiras
1½ colher (chá) de **molho de peixe** (nam pla)
2 colheres (chá) de **shoyu**
60 ml de **leite de coco**
100 g de **amendoins** sem sal torrados e picados
2 colheres (sopa) de **coentro** picado, mais um pouco para decorar
4 talos de **cebolinha** picados
2 colheres (sopa) de **suco de limão**

**Cozinhe** o macarrão em água fervente, de acordo com as instruções da embalagem. Lave em água corrente, escorra e reserve.

**Aqueça** o azeite na wok em fogo alto, até ficar bem quente. Junte o alho, o gengibre e a pasta de curry e frite por 2-3 minutos.

**Junte** o minimilho, o repolho e o pimentão. Frite por 5 minutos, até o repolho começar a murchar.

**Adicione** o molho de peixe, o shoyu e o leite de coco. Mexa bem. Acrescente o macarrão e cozinhe até aquecer bem. Abaixe o fogo e junte os amendoins, o coentro, a cebolinha e o suco de limão. Decore com ramos de coentro.

**Variação: macarrão com salmão defumado.** Siga a receita acima, mas coloque as raspas de 2 limões na água do macarrão. Junte 200 g de salmão defumado desfiado à wok quando for colocar o macarrão.

# macarrão de arroz com camarão

**4** porções
Preparo: **10 minutos**
Cozimento: **7 minutos**

400 g de **camarões-rosa**
2 colheres (sopa) de **azeite**
400 g de **bifum**
4 **dentes de alho** picados
3 **pimentas vermelhas**
2 talos de **capim-limão** picados
2 **cebolas** picadas
6 talos de **aipo** picados
4 colheres (chá) de **shoyu**
3 talos de **cebolinha** picados
**pimenta-preta**

**Molho de limão e peixe**
2 **pimentas vermelhas** picadas
½ **dente de alho** amassado
60 ml de suco de **limão**
60 ml de **molho de peixe**
3 colheres (sopa) de **açúcar mascavo**
125 ml de **água**

**Para decorar**
4 colheres (sopa) de **amendoins** picados sem sal
2 **pimentas vermelhas** cortadas ao meio

**Misture** os camarões numa tigela com 1 colher (sopa) de azeite e reserve.

**Prepare** o bifum de acordo com as instruções da embalagem. Escorra bem e mantenha aquecido.

**Misture** todos os ingredientes do molho numa tigela (se sobrar, o molho pode ser conservado na geladeira por 1 semana). Aqueça bem a wok em fogo alto, sem óleo, e frite os camarões por 30 segundos, até dourarem. Retire da panela e reserve.

**Esquente** o óleo restante. Refogue o alho, a pimenta picadinha e o capim-limão por 30 segundos. Acrescente as cebolas, o aipo e frite por mais 2 minutos, até começarem a ficar macios.

**Coloque** o camarão de volta na panela, junte o shoyu, a cebolinha e tempere com pimenta-preta. Sirva essa mistura por cima das porções de macarrão e regue com o molho. Decore com os amendoins e as pimentas e sirva.

# talharim de arroz com tofu

**4** porções
Preparo: **15 minutos**
Cozimento: **10 minutos**

200 g de **talharim de arroz**
450 g de **tofu** firme
**óleo vegetal** para fritar
2 **dentes de alho** picados
3 **ovos**
suco de 1 **limão**
2 colheres (sopa) de **molho de peixe** (nam pla)
½ colher (chá) de **açúcar demerara**
50 g de **amendoins** torrados picados
2 colheres (sopa) de **camarão seco** moído
75 g de **brotos de feijão**
4 talos de **cebolinha** picados
1 **pimenta vermelha** em rodelas
folhas de **coentro**

**Prepare** o macarrão de acordo com as instruções da embalagem. Lave em água corrente e escorra.

**Seque** bem o tofu com papel-toalha, corte em cubos e reserve. Coloque óleo suficiente na wok para fritar por imersão e leve ao fogo alto. Para testar a temperatura, jogue um pedaço de miolo de pão: se dourar em 20 segundos, está no ponto. Coloque metade do tofu e frite até dourar. Retire com a escumadeira e seque em papel-toalha. Frite a outra metade da mesma maneira. Reserve.

**Deixe** apenas 2 colheres (sopa) de óleo na wok e aqueça em fogo alto, até ficar bem quente. Frite o alho e os ovos por alguns segundos. Adicione o macarrão, o suco de limão, o molho de peixe, o açúcar, metade dos amendoins e dos camarões secos. Frite por 2 minutos, até o macarrão aquecer bem. Acrescente os brotos de feijão, a cebolinha, a pimenta e o tofu frito. Cozinhe por mais 1 minuto e coloque o camarão, os amendoins restantes e o coentro por cima.

**Variação: talharim de arroz com frango.** Substitua o tofu por 450 g de peito de frango em tiras. Frite-o na wok por 2-3 minutos com 2 colheres (sopa) de óleo de amendoim. Retire o frango da panela e termine a receita como indicado acima.

# yakissoba de frango

**4** porções
Preparo: **10 minutos**, mais o tempo da marinada
Cozimento: **7 minutos**

500 g de **peito de frango** em tiras
1 colher (sopa) de **saquê culinário**
2 colheres (chá) de **farinha de milho**
½ colher (chá) de **óleo de gergelim**
½ colher (chá) de **sal**
2 colheres (sopa) de **óleo de amendoim**
5 talos de **cebolinha** picados
2,5 cm de **gengibre** em tiras
1 **pimenta vermelha** sem sementes em rodelas
1 colher (sopa) de **sementes de gergelim**
3 maços de **couve-chinesa** (ou 12 folhas de **acelga**) em tiras
2 colheres (sopa) de **molho de ostra**
1 colher (sopa) de **água**
300 g de **macarrão para yakissoba** pronto

**Coloque** o frango numa tigela com o saquê, a farinha de milho, o óleo de gergelim e o sal. Misture e deixe marinar por 30 minutos.

**Aqueça** o óleo na wok em fogo alto, até ficar bem quente. Coloque o frango, a cebolinha, o gengibre, a pimenta e as sementes de gergelim e frite por 2 minutos antes de juntar a acelga. Misture por 1 minuto, acrescente o molho de ostra e a água. Cozinhe por 1 minuto, mexendo sempre, e acrescente o macarrão. Deixe até aquecer bem.

**Variação: yakissoba completo.** Substitua o frango por 325 g de carne de porco cortada em tiras e deixe marinar como acima. Siga a receita, acrescentando 150 g de camarões pequenos à panela junto com a verdura.

# macarrão com pato e legumes

**4** porções
Preparo: **10 minutos**
Cozimento: **15 minutos**

250 g de **macarrão para yakissoba**
1 colher (chá) de **óleo de gergelim**
3 colheres (sopa) de **óleo de amendoim**
500 g de **peito de pato** em tiras
1 **alho-poró** em rodelas finas
2 **dentes de alho** picados
1 colher (sopa) de **gengibre** picado
200 g de **ervilha-torta** cortada ao meio
1 **pimenta vermelha** em rodelas
125 g de **brotos de feijão**
2 colheres (sopa) de **shoyu light**
2 colheres (sopa) de **saquê culinário**
1 colher (chá) de **mel**
folhas de **coentro** picadas, mais algumas para decorar
**sal** e **pimenta**

**Cozinhe** o macarrão em água fervente, de acordo com as instruções da embalagem. Passe em água corrente e escorra. Misture numa tigela com o óleo de gergelim.

**Aqueça** metade do óleo na wok em fogo alto, até ficar bem quente. Junte o peito de pato temperado com sal e pimenta e frite por 2-3 minutos, até dourar. Coloque a carne num prato e reserve.

**Limpe** a wok com papel-toalha, junte o óleo restante e espere aquecer. Refogue o alho-poró por 1 minuto. Junte o alho, o gengibre, a ervilha, a pimenta e os brotos de feijão e frite por mais 1 minuto. Coloque a carne de volta na wok, adicione o shoyu, o saquê culinário e o mel e cozinhe por 1 minuto, mexendo sempre. Adicione o macarrão e o coentro picado, mexa bem e decore com folhas de coentro.

**Variação: macarrão com pato ao coco.** Substitua o macarrão para yakissoba por 200 g de macarrão de arroz, feito de acordo com as instruções da embalagem. Use 5 colheres (sopa) de leite de coco e 1 colher (sopa) de molho de peixe em vez do shoyu e do saquê culinário. Deixe reduzir em fogo baixo por 5 minutos antes de acrescentar o macarrão.

# macarrão frito com frango

**2** porções
Preparo: **10 minutos**
Cozimento: **15 minutos**

1 colher (sopa) de **farinha de milho**
1 colher (sopa) de **molho de peixe** (nam pla)
1 colher (sopa) de **shoyu**
1 colher (chá) de **açúcar demerara**
100 ml de **caldo de legumes**
150 g de **macarrão para yakissoba**
**óleo vegetal** para fritar
2 **dentes de alho** picados
175 g de **coxas de frango** desossadas em tiras
75 g de **shimeji**
75 g de **minimilho** cortado ao meio no sentido do comprimento
75 g de **pimentão vermelho** sem sementes em cubinhos
4 talos de **cebolinha** picados
ramos de **coentro** para decorar

**Misture** a farinha de milho, o molho de peixe e o shoyu, até formar uma pasta. Acrescente o açúcar e o caldo de legumes, mexa e reserve.

**Cozinhe** o macarrão em água fervente, de acordo com as instruções da embalagem. Passe em água corrente e escorra.

**Coloque** óleo suficiente na wok para fritar por imersão. Para testar a temperatura, jogue um pedaço de miolo de pão: se dourar em 20 segundos, comece a fritar. Frite metade do macarrão até dourar e ficar crocante. Retire da panela, seque em papel-toalha e frite o restante da mesma maneira. Mantenha em local aquecido.

**Deixe** apenas 2 colheres (sopa) de óleo na wok e leve ao fogo alto. Junte o alho e o frango e refogue por 2 minutos. Coloque os ingredientes restantes, menos o coentro. Frite por mais 2 minutos. Acrescente o molho com a farinha de milho e ferva. Quando o molho começar a engrossar, coloque sobre o macarrão e sirva. Decore com o coentro.

**Variação: salada de macarrão à tailandesa.** Faça um molho com o molho de peixe, o shoyu, o açúcar, ½ colher (chá) de óleo de gergelim, 2 colheres (sopa) de azeite e o suco de 1 limão. Coloque no macarrão já frio, adicionando todos os legumes crus, o alho e a cebolinha. Frite o frango com 1 colher (sopa) de óleo de amendoim por 3-4 minutos. Junte à salada e sirva.

# macarrão cingapura

**4** porções
Preparo: **10 minutos**
Cozimento: **10 minutos**

5 colheres (sopa) de **óleo vegetal**
2 **ovos** batidos
6 **minicebolas** em rodelas
1 **cebola** picada
3 **dentes de alho** amassados
2 colheres (sopa) de **molho de feijão-preto**
2 colheres (sopa) de **saquê culinário**
3 **pimentas vermelhas** (1 picada e 2 em rodelas)
½ colher (chá) de **cinco especiarias**
600 ml de **caldo de carne** ou **água**
250 g de **macarrão para yakissoba** fresco
150 g de **brotos de feijão**
250 g de **carne de porco** cozida e picada em cubos
125 g de **acelga** picada
125 g de **camarões graúdos** descascados e limpos
½ colher (chá) de **sal**
folhas de **coentro**
**molho de pimenta** para servir

**Aqueça** o óleo na wok em fogo médio. Junte os ovos e espalhe bem, até fomar uma camada fina na superfície da panela. Deixe fritar por 30 segundos, vire e frite por mais 10 segundos. Deixe esfriar e corte em tiras.

**Aqueça** 4 colheres (sopa) de óleo na wok em fogo médio, até ficar bem quente. Frite as minicebolas por 4-5 minutos, até dourarem e ficarem crocantes. Retire com a escumadeira e seque em papel-toalha. Reserve.

**Deixe** apenas 1 colher (sopa) de óleo na panela. Frite a cebola até começar a dourar. Adicione o alho, o molho de feijão, o saquê culinário, a pimenta picada e as cinco especiarias. Frite por 2 minutos.

**Junte** o caldo, o macarrão fresco e os brotos de feijão e deixe ferver, misturando bem.

**Acrescente** a carne de porco, os legumes, os camarões e o sal. Cozinhe por 4 minutos. Sirva com as cebolas e a omelete em tiras por cima. Decore com a pimenta em rodelas e folhas de coentro. Sirva com o molho de pimenta.

**Variação: arroz frito especial.** Substitua o macarrão por 250 g de arroz jasmine cozido. Faça a receita como acima, sem usar o caldo de carne, e adicionando o arroz após os camarões terem cozinhado por 3 minutos. Frite até aquecer bem.

# macarrão frito com carne

**4** porções
Preparo: **10 minutos**, mais o tempo da marinada
Cozimento: **20 minutos**

½ colher (chá) de **mel**
2 colheres (sopa) de **shoyu light**
2 colheres (sopa) de **molho de ostra**
2 colheres (sopa) de **saquê culinário**
2 colheres (chá) de **farinha de milho**
400 g de **contrafilé** em tiras
250 g de **macarrão para yakissoba**
1 colher (chá) de **óleo de gergelim**
4 colheres (sopa) de **óleo de amendoim**
2 **dentes de alho** picados
2 colheres (chá) de **gengibre** picado
1 **alho-poró** em rodelas finas
200 g de **brócolis**
3 colheres (sopa) de **água**

**Misture** o mel, o shoyu, o molho de ostra, o saquê e a farinha de milho. Coloque metade do molho numa tigela, junte a carne e mexa bem. Cubra e deixe marinar na geladeira por 30 minutos.

**Cozinhe** o macarrão em água fervente, de acordo com as instruções da embalagem. Passe em água corrente e escorra. Junte o óleo de gergelim e misture bem. Reserve.

**Esquente** bem 2 colheres de óleo na wok em fogo alto. Junte o macarrão e cozinhe por 5 minutos, até dourar. Mantenha em local aquecido.

**Aqueça** outra colher de óleo e junte a carne. Frite por 2 minutos e reserve num prato com os líquidos.

**Lave** a wok e leve ao fogo até aquecer. Junte o óleo restante, espere esquentar e adicione o alho, o gengibre e o alho-poró. Frite por 1 minuto, junte o brócolis e deixe mais 2 minutos. Adicione o molho e a água e espere ferver. Junte a carne e cozinhe por mais 1 minuto. Misture o macarrão e sirva.

**Variação: macarrão vegetariano frito.** Não use a carne. Faça o molho e o macarrão como indicado. Aqueça 1 colher (sopa) de óleo e frite o alho, o gengibre e o alho-poró por 1 minuto antes de pôr o brócolis, 1 pimentão vermelho e 1 verde cortados em cubinhos e 200 g de abobrinha ralada. Frite por 2 minutos. Junte o molho e a água e cozinhe por 1 minuto. Sirva com o macarrão.

# índice

# créditos

**Editora executiva**: Nicky Hill
**Editora**: Fiona Robertson
**Diretora de arte**: Karen Sawyer
**Projeto gráfico**: Rebecca Johns, Cobalt id
**Fotografia**: Will Heap
**Estilista de culinária**: Marina Filippelli
**Produção fotográfica**: Liz Hippisley
**Gerente de produção**: Manjit Sihra

**Fotografias da capa:** © Octopus Publishing Group Limited/Will Heap.
**Fotografias especiais:** © Octopus Publishing Group Limited/Will Heap
**Outras fotografias:** Octopus Publishing Group Limited/David Loftus 89, 233; /Peter Myers 27, 51, 53, 81, 101, 109, 113, 149; 155, 161; /William Reavell 25, 39, 79, 85, 117, 134, 141, 145, 173, 177, 195, 201, 207, 211, 221, 223; /Ian Wallace 127, 131, 165.